AUTORES:

José Arturo Abraldes Valeiras
Nuria Rodríguez Suárez
Helena Vila Suárez
Carmen Ferragut Fiol

FORMACIÓN DEPORTIVA EN PATINAJE ARTÍSTICO

Investigación en el Campeonato del Mundo
de Patinaje Artístico sobre ruedas. Murcia, 2006

WANCEULEN
EDITORIAL DEPORTIVA

Título:	FORMACIÓN DEPORTIVA EN PATINAJE ARTÍSTICO.
Autor:	JOSÉ ARTURO ABRALDES VALEIRAS, NURIA RODRÍGUEZ SUÁREZ, HELENA VILA SUÁREZ Y CARMEN FERRAGUT FIOL.
Fotografías:	J. Arturo Abraldes Valeiras
Portada, diseño y maquetación:	J. Arturo Abraldes Valeiras
Editorial:	WANCEULEN EDITORIAL DEPORTIVA, S.L. www.wanceulen.com
ISBN:	978-84-9993-158-6
Dep. Legal:	SE 2350-2013
©Copyright:	WANCEULEN EDITORIAL DEPORTIVA, S.L.
Primera Edición:	Año 2013
Impreso en España:	Publidisa

Reservados todos los derechos. Queda prohibido reproducir, almacenar en sistemas de recuperación de la información y transmitir parte alguna de esta publicación, cualquiera que sea el medio empleado (electrónico, mecánico, fotocopia, impresión, grabación, etc), sin el permiso de los titulares de los derechos de propiedad intelectual. Cualquier forma de reproducción, distribución, comunicación pública o transformación de esta obra solo puede ser realizada con la autorización de sus titulares, salvo excepción prevista por la ley. Diríjase a CEDRO (Centro Español de Derechos Reprográficos, www.cedro.org) si necesita fotocopiar o escanear algún fragmento de esta obra.

*Siempre son las dificultades del tamaño
de los intentos.*
(Antonio Solis, 1610-1686)

Nuestro agradecimiento a la Real Federación Española de Patinaje, a la Federación de Patinaje de la Región de Murcia, y al Comité Organizador del 51º Campeonato del Mundo de Patinaje Artístico, por facilitarnos el presente trabajo de investigación.

ÍNDICE

Prólogo 13

Introducción 15

El patinaje artístico 21

    1. El patinaje artístico y sus modalidades 23
        1.1. Modalidad individual 24
        1.2. Modalidad de parejas 25
    2. Clasificación del patinaje artístico 27

Factores de iniciación deportiva 31

    1. Aspectos relevantes en la iniciación deportiva 34
        1.1. Edad de inicio 35
        1.2. Lugar de iniciación deportiva 37
        1.3. Monitores – Entrenador 39
        1.4. Pruebas médicas 43
        1.5. Test y/o pruebas de selección 43
        1.6. Grado de especialización 44
    2. Aspectos relevantes en el entorno del entrenamiento 45
        2.1. Condiciones de entrenamiento 46
        2.2. Deportes practicados y disciplinas practicadas 46
        2.3. Test de control 47
        2.4. Horas y días de entrenamiento 48
        2.5. Trabajo con pesas 48
        2.6. Tipo de entrenamiento 49
        2.7. Lugar de entrenamiento 50
        2.8. Institución 51
        2.9. Instalaciones y material de entrenamiento 51
    3. Aspectos relevantes en los motivos de la práctica deportiva 52
        3.1. Motivos de práctica deportiva 53
        3.2. Expectativas en la práctica deportiva 55
    4. Aspectos relevantes del entorno del deportista 56
        4.1. La familia del deportista 56
        4.2. El entrenador 58
        4.3. Los compañeros de entrenamiento 59
        4.4. Las amistades 60
        4.5. Titulación y formación 60

Metodología **63**

    1. Población 65
    2. Diseño 65
    3. Procedimiento 67
    4. Toma de datos 69
    5. Material 71
    6. Estadística 74

Resultados y discusión **75**

Inicios en la práctica deportiva **79**

    1. Edad de inicio 81
    2. Lugar de iniciación deportiva 81
    3. Monitor – Entrenador 82
    4. Pruebas médicas 83
    5. Test de selección 86
    6. Grado de especialización 89

Entorno del entrenamiento **91**

    1. Condiciones de entrenamiento 93
    2. Deportes practicados 94
    3. Test de control del entrenamiento 95
    4. Volumen de entrenamiento 97
    5. Trabajo con pesas 98
    6. Tipo de entrenamiento 99
    7. Lugar de entrenamiento 100
    8. Institución 102
    9. Instalaciones y material 102

Motivos de práctica deportiva **113**

    1. Motivos de práctica deportiva 115
    2. Expectativas de práctica deportiva 117

Características del entorno del deportista **121**

    1. La familia 123
    2. El entrenador 125
    3. Compañeros de entrenamiento 128
    4. Las amistades 130
    5. Titulación y formación 132

Conclusiones **139**

    1. Conclusiones en relación a los inicios en la práctica deportiva 141
    2. Conclusiones en relación al entorno del entrenamiento 142
    3. Conclusiones en relación a los motivos de práctica deportiva 143
    4. Conclusiones en relación a las características del entorno del deportista 144

Referencias bibliográficas **147**

Anexos **157**

    1. Carta de solicitud para realizar la investigación 160
    2. Modelo de consentimiento informado 161
    3. Hoja de seguimiento y control 162
    4. Modelo de cuestionario en castellano 163
    5. Modelo de cuestionario en inglés 166
    6. Modelo de cuestionario en italiano 171
    7. Índice de tablas 175
    8. Índice de ilustraciones 178

PRÓLOGO

La publicación de este libro supone un acercamiento importante al deporte del patinaje artístico sobre ruedas. No estamos ante una investigación para archivar y olvidar, sino ante una obra de gran relevancia para este deporte, que analiza los factores determinantes de la práctica deportiva estructurados en cuatro aspectos fundamentales: la iniciación en esta disciplina, el entorno del entrenamiento, los motivos por los que se entrena este deporte y el entorno de cada uno de los deportistas susceptibles de este estudio.

El patinaje artístico sobre ruedas es una disciplina deportiva muy completa y, a la vez, compleja. Se trata de un deporte de deslizamiento que combina elementos técnicos con facetas artísticas sobre patines con cuatro ejes que sujetan las ruedas, cuatro por patín (que los diferencian de los patines con cuchilla utilizados en patinaje artístico sobre hielo). La aportación de estudios como los aquí presentados repercuten activamente sobre el conocimiento de esta disciplina, mejorando y ampliándolo significativamente la formación en este deporte.

Personalmente, me inicié con siete años y me especialicé por completo en esta modalidad deportiva. Los entrenamientos eran intensos y muy duros, pero el apoyo familiar, sobre todo el de mi madre que ha sido mi entrenadora, me permitió emplearme a fondo y conseguir subirme al podium en repetidas ocasiones.

Pienso que la fórmula para alcanzar el éxito resulta de un compendio entre talento, fuerza y dedicación. Y si a esto le añadimos ilusión, habremos alcanzado nuestra meta. Ésta ha sido mi ley para conseguir participar en cinco campeonatos del mundo.

Encontramos casos de patinadores que han vivido una situación deportiva similar a la mía y otros que difieren en gran medida. Así, todo el espectro de diferentes vivencias son las que se plasman en la presente investigación. Se trata de un estudio que engloba cada uno de los posibles perfiles de patinadores que compiten en el alto nivel y en todos los países del mundo, obteniendo resultados que reflejan una realidad deportiva hasta hoy desconocida.

Los cuatro autores han sabido recoger todos los aspectos importantes del perfil deportivo característico de un patinador de la élite mundial. Por ello, el presente libro *"Formación Deportiva en Patinaje Artístico: Investigación en el Campeonato del Mundo de Patinaje Artístico sobre ruedas (Murcia, 2006)"*, presenta contenidos, datos, y análisis que son pioneros en el patinaje artístico sobre ruedas. Me enorgullece y me gustaría ver que éste será el principio de numerosos estudios sobre esta fascinante temática.

Tamara Valderrama Santomé.
Licenciada en Ciencias de la Actividad Física y del Deporte.
Máster de Investigación de la Actividad Física, Deporte y Salud.
Entrenadora Nacional de Patinaje Artístico sobre ruedas.

INTRODUCCIÓN

Entre los deportes practicados sobre patines el patinaje artístico es el más tradicional de ellos y uno de los más conocidos actualmente. Generalmente todo el mundo conoce la modalidad de patinaje artístico como deporte, sobre todo, en su modalidad de patinaje sobre hielo. Ésta es mucho más atractiva al mayor público y tiene una mayor difusión a través de los medios de comunicación. Las características propias de este deporte, hacen que sea practicado por multitud de deportistas en numerosos países. Esto hace que el patinaje artístico sea conocido mundialmente como un deporte.

Si bien, el patinaje artístico sobre ruedas es menos conocido que el patinaje artístico sobre hielo. Sin embargo, la gran similitud que existe entre ambos, hace que sea también conocido por la población en general. Así, mayoritariamente, la población conoce este deporte "patinaje artístico", aunque de manera superficial, ya que no diferencian las modalidades y/o disciplinas que en él se realizan.

Este amplio conocimiento por parte de la población, no despierta el interés por su participación ni se equipara al número de países, campeonatos, exhibiciones, ni a la repercusión mediática que tienen otros deportes que comparten características muy similares. En muchos casos, por interpretar que éste sólo se realiza en pistas de hielo, necesitando una instalación especial y adecuada para ello. El patinaje sobre ruedas es la alternativa a este pensamiento y, aunque en algunos casos es conocido, plantea otros inconvenientes como la iniciación, las caídas o las lesiones, que frenan el primer interés del participante.

Es cierto que éste es practicado mayoritariamente en edad infantil en escuelas deportivas y colegios. Existe un alto número, dependiendo de la zona geográfica en España, donde este deporte está entre los más practicados entre las niñas de 7 a 12 años. Aún así, a nivel nacional se podría potenciar la participación de más deportistas (sobre todo masculinos) y fomentar una formación más completa y adecuada, así como adecuación a la competición en calendarios internacionales. Por el contrario, hay que destacar que, en meetings internacionales y mundiales, se observa una elevada participación y una gran repercusión mediática en los medios de comunicación. Lo que nos indica, a primera vista, que es un deporte bonito, de plasticidad y arte, de coordinación y elegancia, de sutileza y fuerza, de equilibrio y perfección, que gusta a los espectadores. Este destacado interés, contrasta con los pocos documentos publicados que abordan este tema e investigan este deporte de una manera rigurosa y científica.

El patinaje artístico se relaciona como un deporte mayoritariamente femenino. Evidentemente, todo el mundo conoce que es practicado también por hombres, principalmente por el conocimiento de la modalidad de parejas en este deporte. Sin embargo, las propias disciplinas y el marcado carácter armonioso y plástico de las coreografías, propician la participación femenina.

Los factores relacionados con las experiencias del deportista, el tipo de práctica deportiva, las expectativas y motivaciones del joven patinador, así como las características del entorno son únicamente algunos de los factores que influyen en el largo y complejo proceso de formación deportiva. El elevado número de factores que afectan al proceso de formación deportiva, así como su complejidad, provocan que no exista un gran número de investigaciones sobre la iniciación deportiva si se compara con el volumen existente de documentación o planteamientos teóricos.

Por ello, el objetivo del presente estudio consiste en contrastar que se está haciendo con los jóvenes patinadores en relación con lo que señalan los expertos y las propuestas teóricas actuales. De forma específica, los objetivos que se persiguen en el presente estudio son:

1) Conocer las condiciones en las que se inician los patinadores en la práctica deportiva (edad de inicio, el lugar de inicio, el tipo de práctica deportiva, la existencia o no de pruebas médicas, el número y la formación de los entrenadores, la realización o no de pruebas médicas previas al inicio a la práctica deportiva, la realización de test de selección, y el grado de especialización que el atleta ha tenido en los inicios de la práctica deportiva).

2) Conocer las características de la práctica deportiva de los patinadores (tipo de práctica, si practican otros deportes, que disciplinas practican, si realizan test de control, el volumen de trabajo que realizan (días

y horas de entrenamiento), y la realización de trabajo con pesas para la mejora de la fuerza).

3) Conocer los motivos de práctica deportiva (factores relacionados con las motivaciones y expectativas de los jóvenes patinadores).

4) Conocer las características del entorno (factores relacionados con las características que rodean al joven deportista, tales como la familia, los compañeros, los entrenadores, las instalaciones, etc.).

Es necesario tener en cuenta que los resultados que se obtienen en el presente estudio tienen una serie de limitaciones, que es necesario considerar para hacer un correcto análisis e interpretación de los resultados encontrados:

- La información obtenida indica la información que el patinador tiene o como éste percibe el proceso. Para un completo abordaje del proceso también debería considerarse la impresión de los entrenadores, padres, directivos, etc.

- La información obtenida representa un momento puntual del proceso de formación. Para un completo abordaje del proceso sería necesario realizar un estudio longitudinal y de las distintas fases del proceso.

- Sólo se ha obtenido la información de los patinadores que asisten al Campeonato del Mundo de Patinaje Artístico. Para un mayor conocimiento y transferencia de resultados se deberían ampliar la muestra a clubes, selecciones u otros deportistas de categoría internacional.

- La información se ha obtenido a través de un cuestionario con las limitaciones que ello conlleva (veracidad de las respuestas, implicación en su cumplimentación, grado de comprensión de las preguntas, etc.).

EL PATINAJE ARTÍSTICO

El patinaje artístico sobre ruedas es una disciplina deportiva incluida en la Federación Internacional de Roller Sports (FIRS). Esta federación agrupa, además, las disciplinas de patinaje de velocidad, hockey clásico y hockey en Línea.

Dentro de la FIRS, el patinaje artístico tiene un peso muy importante por el número de países que poseen federaciones nacionales con esta disciplina activa, por el número de licencias federativas y por la actividad competitiva. El Comité Internacional de Patinaje Artístico es el encargado de regular esta disciplina a nivel internacional. De esta misma forma, existen comités dentro de las federaciones continentales que hacen lo propio dentro del territorio que les corresponde. Esto trasciende al punto de conseguir que este deporte tenga una gran actividad competitiva internacional, como Campeonatos de Europa, Campeonatos Panamericanos, Juegos Panamericanos, World Games, Juegos Asiáticos, etc.

El mayor exponente de la competición internacional es el Campeonato del Mundo, que se lleva a cabo de forma anual, celebrándose 2 años seguidos en países europeos y los dos siguientes en 2 países no europeos para propiciar la alternancia de continentes. El mayor número de países participantes, por continentes, lo tiene Europa, como ocurre en la gran mayoría de deportes, y esto hace que los Campeonatos de Europa sean prácticamente una antesala del Campeonato del Mundo.

La disciplina que requiere el entrenamiento del patinaje artístico y la lentitud con la que se llega a conseguir acceder a la competición y obtener buenos resultados hace que muchos patinadores se queden por el camino. Por ello, se han creado en los últimos años nuevas modalidades de competición. La técnica es compleja, necesita mucho sacrificio y precisión, repetición y automatización de los movimientos.

1. EL PATINAJE ARTÍSTICO Y SUS MODALIDADES.

Dentro del patinaje artístico hay varias modalidades hacia las que el patinador, cuando está comenzando a iniciarse en el proceso de especialización deportiva, puede dirigirse, con el consejo y orientación de su entrenador.

1.1. Modalidad individual.

En modalidad individual nos encontramos con las siguientes especialidades: de patinaje libre y figuras obligatorias.

a) Patinaje libre.

El patinaje libre es la especialidad por la que todos los patinadores comienzan, es lo más conocido, un patinador, una música, una coreografía y unos elementos técnicos que ejecutar. Todo eso bien combinado y estructurado constituye la ejecución de una competición de patinaje libre individual.

Los elementos técnicos se dividen en saltos, piruetas y feetwork (trabajo de pies).

Los saltos se diferencian por el impulso: lanzados o picados, y por la rotación: simples, dobles o triples. De esta forma, tenemos los saltos picados (Metz, Flip, Lutz) y saltos lanzados (Axel, Rittberger, Turen y Salchow). Todos ellos se pueden ejecutar como simples, dobles o triples: una, dos o tres rotaciones en el aire, excepto el Turen que es un salto de enlace y sólo se ejecuta simple.

Las piruetas se definen por el filo sobre el que se desarrolla la rotación, exterior o interior, la trayectoria en la que gira el patín, adelante o atrás, la posición del patinador durante la rotación. Además de esta clasificación, las piruetas de ángel se clasifican según su dificultad: piruetas de talón, pirueta broken y pirueta reversada.

El trabajo de pies (*feetwork*), como elemento obligatorio en un programa de competición, es una parte fundamental del entrenamiento del patinador y de la vistosidad de la coreografía. Comprende elementos de giros y desplazamientos para los que el patinador debe poseer un gran dominio del patín, además de ritmo y velocidad, que junto con la precisión de los movimientos del pie, conseguidos a base del entrenamiento de las figuras obligatorias, hacen que las series de pasos en los programas de competición cada vez sean más espectaculares.

La competición de libre individual se desarrolla en dos fases: programa corto y programa largo o libre.

El programa corto tiene una duración de 2,15 minutos y se deben ejecutar los integrativos marcados por el reglamento para cada categoría. No puede haber repeticiones ni alterar esos integrativos, suponiendo ello penalización en la puntuación.

El programa libre tiene una duración de 3 minutos en las categorías menores ó de 4 minutos en juvenil, júnior y sénior. En este programa los patinadores pueden ejecutar libremente los integrativos que deseen ajustándose a los elementos técnicos reflejados en el reglamento.

b) Figuras obligatorias.

Es la parte más técnica de la competición del patinaje artístico. Consta de 41 figuras que se ejecutan en los círculos pintados en la pista de patinaje. Hay dos tipos de círculos, las "escuelas", que son círculos de 6 metros de diámetro y los bucles, que miden 2,50 de diámetro y tienen una parte de corona en la que se dibuja un bucle. En ambos casos, el patinador debe ejecutar la figura correspondiente con los giros oportunos, si son necesarios, sin salirse de la línea. La precisión del movimiento es el condicionante fundamental para la buena ejecución de esta parte de la competición.

1.2. Modalidad de parejas.

En el patinaje en parejas encontramos dos modalidades: las parejas danza y las parejas de artístico.

a) Parejas danza.

La pareja danza es una modalidad de patinaje en parejas en la cual los patinadores deben realizar una serie de danzas a distintos ritmos. Las partes de la competición de parejas danza son tres:

- Danzas obligatorias, que son dos para júnior y sénior y tres para las categorías menores. Estas danzas vienen marcadas por la Federación Internacional, tanto la música como los pasos y recorridos, y cada año cambian para cada categoría. Son danzas que están completamente diseñadas para que todos los patinadores realicen el mismo recorrido y los mismos pasos.

- Danza original: el reglamento fija el ritmo que corresponde cada año y los patinadores deben coreografiar una danza acompañando ese ritmo. Hay muchas especificaciones técnicas a respetar y no es una danza libre.
- Danza libre: es la parte más creativa, puesto que no se impone ni el ritmo ni el carácter de la música, eso sí, hay que respetar las especificaciones técnicas del reglamento evitando todos aquellos elementos que puedan penalizar a la pareja, como las elevaciones por encima del hombro o los saltos y piruetas propios del patinaje libre individual.

b) Patinaje artístico.

La otra modalidad de parejas es la pareja de artístico, antes llamada en España pareja mixta y combina el patinaje libre individual. Las parejas deben ejecutar, al igual que en libre individual, un programa corto y un programa libre.

Otras modalidades más modernas, surgidas por la necesidad de aumentar el número de participantes en la competición, de mantener a los deportistas en actividad y de proporcionar oportunidades a todos para poder continuar con esta práctica deportiva, constituyen una de las partes más creativas y suelen ser muy aceptadas popularmente, como los grupos de precisión, el solo dance o los grupos show.

En España, actualmente, sólo es reconocida oficialmente como modalidad de competición los grupos show, en las disciplinas de grupos pequeños y grupos grandes. Los grupos pequeños están formados por un número de patinadores entre 6 y 12, los grupos grandes se componen de un número entre 16 y 25 patinadores. Su característica fundamental está en la creatividad y espectacularidad en la coreografía y el impacto que cause al espectador, todo ello combinado con una correcta ejecución del patinaje individual que combinado entre los diferentes miembros del grupo ofrecen un resultado asombroso.

2. CLASIFICACIÓN DEL PATINAJE ARTÍSTICO.

Existen multitud de clasificaciones de los diferentes deportes practicados en función de diferentes parámetros, como por ejemplo en función de los participantes (colectivos e individuales), en función del medio en el que se realizan (acuáticos, terrestres o aéreos), en función de su inclusión en los JJ.OO (olímpicos, no olímpicos, paralímpicos), en función del uso de implemento (esgrima, tenis, frontón, pelota vasca, hockey, etc), o incluso en relación al espacio de juego (deportes de interior y exterior) como el fútbol sala y el fútbol once. Éstos son sólo algunos de los ejemplos de la multitud de clasificaciones que la literatura aporta.

Respetando que la clasificación mejor es la que cada entrenador realiza en función de los diferentes factores de sus deportistas y para afrontar una planificación correcta, lanzamos nuestra propuesta de clasificación para el patinaje artístico, atendiendo a los criterios de Parlebas (1981) y Hernández (2000), o lo que es lo mismo, atendiendo a criterios CAI. Encontramos muchas referencias en diferentes ámbitos deportivos, (Ruiz, 1996), Hernández (2000), Hernández (1999), Magno (2002), De Marimont (1997), Portí (2001) sobre la idoneidad de este sistema de clasificación, que comentamos más abajo, como la de Lagardera y Lavega (2003) *"Si bien hasta el momento han aparecido diversos intentos de clasificar las prácticas físicas ninguna de las propuestas formuladas responde a una solidez conceptual y a una rigurosidad científica como la clasificación que propuso"*, Parlebas (1981).

Según Portí (2001) *"Esta clasificación se basa en considerar a todas las situaciones motrices como sistemas en donde sus componentes interaccionan entre sí. Estas interacciones son estudiadas teniendo en cuenta el grado de incertidumbre que generan en los participantes"*. Pero es el propio Parlebas (2001) el que advierte *"que toda clasificación está asociada a una filosofía, a una teoría subyacente, a un marco de investigación. No traduce la grabación de una realidad exterior, sino que atestigua una construcción del investigador"* (Parlebas, 2001). Siendo necesarias otras clasificaciones más populares, apoyadas en rasgos aparentes de lo que se observa, este tipo de clasificaciones no nos sirve para el objeto de descubrir la lógica interna y su dinámica.

Es decir, debemos tomar la clasificación CAI como un sustento básico que es susceptible de ser completado por otros elementos que la modalidad deportiva en cuestión necesite y que el investigador o entrenador crea adecuados. De esta forma nos estaremos apoyando en un fundamento contrastado y riguroso para matizar nuestra modalidad deportiva de la forma más conveniente. O lo que es lo mismo, es una clasificación abierta.

Los elementos fundamentales son tres:

- "C": se refiere a la existencia o no de compañeros, a si existen relaciones de colaboración motriz con otros jugadores.
- "A": referido a la existencia o no de adversarios, a si existen relaciones de oposición motriz con otros jugadores.
- "I": referido a si el medio donde se practica contiene incertidumbre o no, es decir, si el entorno ofrece información relevante a la que adaptarse o por el contrario se encuentra cerrado y normalizado (domesticado).

"La clasificación que elabora Parlebas, atendiendo a los criterios de presencia o ausencia de compañeros, adversarios e incertidumbre con el medio físico atestigua los principales dominios de acción motriz o clases de prácticas motrices (...)" (lagartera y Lavega, 2003). Los tres criterios combinados de forma binaria y subrayados en caso de ausencia de uno, dos o los tres elementos, nos van a conducir a ocho categorías diferentes, entre las cuales ubicaremos al patinaje artístico en forma de árbol. En función de la presencia o ausencia de uno, dos o los tres elementos combinados, nos delimitará la categoría en la que se ubica la modalidad deportiva. Es decir, se advierte cuando hay ausencia de uno de los tres elementos cuando se subraya la letra que lo representa.

De esta forma se pueden dar ocho categorías dentro de las diferentes situaciones motrices:

- <u>CAI</u>: son prácticas psicomotrices caracterizadas por la ausencia de compañeros y de adversarios (ausencia de interacción motriz esencial), así como una gran estandarización del medio físico (ej. Carrera de 100m lisos, ya que ningún jugador se opone a la carrera, sólo trata de recorrerla antes).
- <u>CA</u>**I**: designa ausencia de interacciones con compañeros y con adversarios (prácticas psicomotrices, pero existe un medio físico fluctuante, cambiante que puede presentar imprevistos (ej. Piragüismo aguas bravas).
- <u>C</u>A<u>I</u>: hablamos ya de prácticas con ausencia de interacciones con compañeros, pero con influencia esencial de adversarios (presencia determinante) que se realiza en un medio estable, sin cambios (ej. Judo).
- <u>C</u>**AI**: es el caso de prácticas en las que existe interacción con un adversario al menos en un medio físico no domesticado o fluctuante. No

existe colaboración alguna de compañeros. Por ejemplo una carrera de esquí de fondo.
• C<u>A</u>I: son situaciones que presentan acciones de colaboración exclusivamente, en un entorno estable, sin incertidumbre. Por ejemplo patinaje artístico por parejas o remo en ría controlada.
• C<u>AI</u>: se dan acciones motrices cooperativas en un medio físico inestable, fluctuante que provoca incertidumbre. Por ejemplo escalada en cordada o rafting.
• **C**A<u>I</u>: nos encontramos con prácticas sociomotrices de colaboración y oposición que se realizan en un medio estable y sin incertidumbre. Por ejemplo el baloncesto o el fútbol.
• **CAI**: como octava categoría encontraremos las prácticas que se realizan con acciones de adversarios y de compañeros en un medio fluctuante o con incertidumbre, como puede ser una carrera ciclista en ruta por equipos o regatas con tripulación.

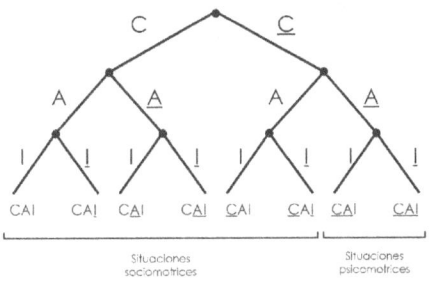

Ilustración 1. Árbol exponencial que representa las ocho categorías con sus criterios de clasificación (Parlebas, 2001).

Estas categorías se pueden presentar de forma gráfica como un árbol exponencial (Ilustración 1). En ambos se enmarcan las ocho categorías antes comentadas.

Una vez comentados los fundamentos de la clasificación de los dominios de la acción motriz o "CAI", podemos observar cómo se "comportan" las modalidades deportivas del patinaje artístico, ante este instrumento clasificador.

El patinaje artístico presenta dos grandes bloques en sus modalidades. Por un lado, aquellas en las que el patinador participa el solo, sin colaboración de un compañero o pareja para la realización de sus rutinas o discos

(Libre, escuela). Por otro lado, existen modalidades que se realizan con la participación de un compañero (Parejas y Danza).

Como podemos apreciar (Ilustración 2) nos encontramos con dos terminaciones diferentes, ya que en las disciplinas donde se ejecuta con pareja es definida como una situación sociomotriz. Sin embargo, en las disciplinas de realización individual, el patinaje se clasifica como un deporte psicomotriz.

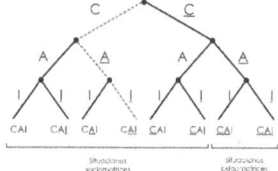 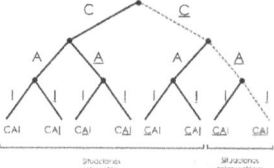

Ilustración 2. Árbol exponencial que representa las modalidades de patinaje que se realizan con pareja (izq) y aquellas en las que se participa individualmente (dcha) (Parlebas, 2001).

FACTORES DE INICIACIÓN DEPORTIVA

El proceso de formación deportiva de un atleta es muy complejo y presenta multitud de variables a tener en cuenta. Estos factores permitirán o impedirán que el talento deportivo se convierta en deportista experto o que el joven atleta, que inicialmente no es considerado talento deportivo, pueda llegar a ser deportista de elite.

El elevado número de factores, así como su gran complejidad, que intervienen en el proceso de formación del joven atleta hace que sea prácticamente imposible conocer el grado de importancia que cada uno de los factores tiene o ha tenido sobre el proceso de formación y el resultado final. Se debe tener en cuenta que aunque la mayor parte de las investigaciones corroboran el gran peso que tiene el componente genético en los talentos, éste no se trata aquí en profundidad al no se un factor controlable por los entrenadores.

En la Ilustración 3 se pueden observar los factores que van a ser revisados a nivel teórico y, también, analizados a nivel práctico, diferenciando, a grandes rasgos, cuatro grupos de factores:

1) Aspectos relevantes en la iniciación deportiva: se abordan los factores relacionados con la edad de inicio, el lugar de inicio, el número y la formación de los entrenadores, etc.
2) Aspectos relevantes en el entorno del entrenamiento: se abordan los factores relacionados con los recursos humanos y materiales, el tipo de entrenamiento, el lugar y las cargas de entrenamiento, el control del mismo, la realización de otras prácticas deportivas, etc.
3) Aspectos relevantes en los motivos de la práctica deportiva: se abordan los factores relacionados con las motivaciones y expectativas de los jóvenes deportistas.
4) Aspectos relevantes en las características del entorno del deportista: se abordan los factores relacionados con las características que rodean al joven deportista, tales como la familia, los compañeros, su formación, estudios, titulación, etc.

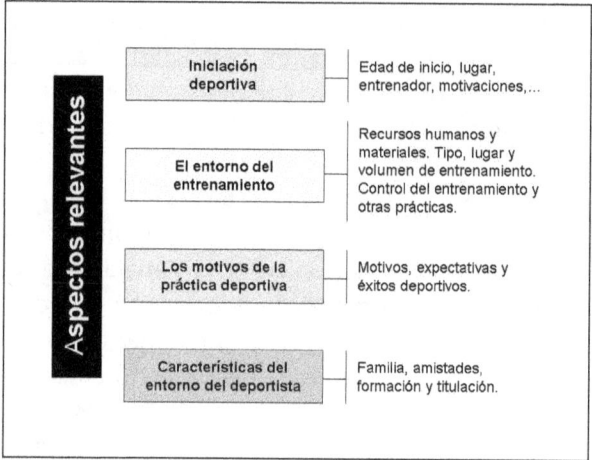

Ilustración 3. Factores que influyen en el proceso de formación deportiva (Platonov, 1988, 1993).

Estos cuatro aspectos nos ayudan a entender de forma muy detallada como se está abordando el patinaje artístico en el mundo, con sus ventajas e inconvenientes. Además, nos permitirá analizar y contrastar diferentes aspectos, que nos permitan subsanar fallos y que nos orienten a nuevos planteamientos.

1. ASPECTOS RELEVANTES EN LA INICIACIÓN DEPORTIVA

En este apartado se abordan los factores relacionados con los inicios a la práctica deportiva, tales como la edad de inicio, el lugar en el cual se produce la iniciación deportiva, el número y la formación de los entrenadores que el deportista ha tenido en esta fase, así como las motivos que llevaron al deportista a practicar este deporte en los inicios de su carrera deportiva.

Se trata de entender como estos factores tuvieron su repercusión en mayor o menor medida. Una buena calidad en los inicios deportivos, así como una rápida adquisición de hábitos deportivos por parte del deportista siempre ayudarán a una mejor formación y mayor rendimiento. Por otro lado, la mejor formación de los entrenadores será vital para un mejor desarrollo deportivo del sujeto, así como por los motivos que éste presente al comenzar su actividad deportiva.

1.1. Edad de inicio

Multitud de autores, tanto a nivel general como a nivel específico, han indicado cual es la mejor edad para el inicio en los distintos deportes o disciplinas atléticas (Tabla 1). A grandes rasgos, se puede observar que no existe una edad concreta y definida, sino que los diferentes autores señalan que el momento adecuado va a variar en función del tipo de deporte y/o disciplina, de las experiencias previas, del género, del grado de desarrollo del niño, etc.

Como se puede apreciar en la Tabla 1, no todos los autores señalan la misma edad de comienzo del entrenamiento, debido, en gran medida, a que no todos los autores entienden por igual lo que es el *"comienzo del entrenamiento"*. Algunos autores lo perciben como el primer contacto del joven con el deporte. Otros autores lo entienden como el inicio del entrenamiento sistematizado, etc. En este sentido Añó (1997), tras una revisión bibliográfica sobre el tema, señala que existen tres grandes etapas de iniciación para la práctica deportiva, y que cada una de las cuales dispone de un conjunto de características y consideraciones:

1. Etapa de iniciación motora (de 5 a 7-8 años). Donde el objetivo es la adquisición y mejora de habilidades físicas de base, es decir, habilidades y tareas básicas.

2. Etapa de iniciación del entrenamiento (de 9 a 12 años). Donde el objetivo es la familiarización del joven deportista con aspectos genéricos del deporte.

3. Etapa de entrenamiento sistematizado (a partir de 12 años). Donde el objetivo es comenzar la especialización en el deporte en concreto.

Al analizar la Tabla 1, se aprecia que la gran mayoría de autores coinciden en señalar que a partir de los seis años se puede, y debe, iniciar la práctica deportiva, si bien esta práctica debe ir orientada hacia la adquisición y mejora de las habilidades físicas de base. Desde los seis años hasta los 12-13 el proceso de enseñanza debe ir dirigido hacia la adquisición de habilidades genéricas que den lugar a que el joven deportista adquiera una gran base de experiencias deportivas. Esta base le permitirá posteriormente dirigir todas sus habilidades hacia la especialización en un deporte o actividad física concreta.

Tabla 1. Revisión de estudios / autores sobre la edad de inicio más adecuada para la práctica deportiva.

AUTOR	DEPORTE	EDAD INICIO	PERSPECTIVAS DE ESTUDIO	CONSIDERACIONES IMPORTANTES
Seybol (1974)	General	6-8 años	General	8-10 tareas genéricas > 10 inicio tareas más específicas
Campos y García (1982)	General	10 años	General	Entrenamiento
Sánchez-Bañuelos (1984)	General	10 años	General	Inicio de tareas específicas
Bayer (1986)	Colaboración oposición	11-12 * años	Dinámica del juego	11-12 años el inicio de las juegos deportivos colectivos
Meinel y Schnabel (1988)	General	6-7 años	Control y aprendizaje motor	Escasa predisposición a la competición hasta los 11-12 años
Durand (1988)	General	6-7 años	Desarrollo motor	< 9 años aspectos genéricos > 9 niño preparado para iniciación
Le Boulch (1989)	General	8 años	Desarrollo motor	De 8 a 12 años sólo hay que desarrollar aspectos genéricos
Hahn (1989)	General	12 años	Desarrollo motor y desarrollo biológico	De 8 a 12 años sólo aspectos genéricos, no específicos
Blázquez (1995)	General	6-7 años	General	Educación física de base hasta los 10-14 años, cuando empieza el inicio con deportes concretos
Feu (2002)	Deportes de colaboración - oposición	8-10 años	Características. psicológicas, biológicas afectivas y motrices	De 10 a 11 años se inicia hacia un deporte concreto
Velásquez (2003)	General	6-8 años	General	Edad de comienzo dependerá de cómo se defina comienzo (además contexto escolar, las necesidades formativas, los medios e instalaciones, los intereses de aprendizaje, etc.).
Garcia-Manso y col. (2003)	General	5-12 años	General	Edad de comienzo dependerá de la disciplina/prueba y objetivos buscados

Por tanto, este periodo de inicio, que comprende desde los seis a los nueve años, se caracterizará por tener como objetivo principal el desarrollo adecuado de las habilidades motrices básicas apostando por un proceso de enseñanza-aprendizaje que debe enfocarse *"de manera múltiple y variada, de forma que de lugar a experiencias motrices propias de diferentes modalidades deportivas, de manera alternativa y genérica"* (Velásquez, 2003, p.3). Este autor señala que un enfoque polivalente y multivariado permitirá:

1. Disponer, desde un punto de vista cognitivo-motriz, de las herramientas necesarias para desarrollar nuevas habilidades.

2. Facilitar el sentimiento de competencia aprendida (Velásquez, 2003) y por ende, de auto-eficacia percibida, elemento determinante para mantener una adherencia elevada, motivación extrínseca y gran satisfacción hacia la actividad deportiva práctica.

3. Desarrollar los factores de ejecución, facilitar un desarrollo del pensamiento, de la capacidad de adaptación de sus acciones en la práctica.

A partir de los 9-10 años se produce un cambio cualitativo en la capacidad de aprendizaje motor de los jóvenes deportistas. Esto permite iniciar un tratamiento más específico de las distintas modalidades deportivas, si bien se debe dar prioridad al desarrollo del conocimiento y del pensamiento sobre las acciones (comprensión y control de las acciones). Esta franja de edad es considerada como la edad de oro del aprendizaje motriz, por la gran capacidad que poseen en esta edad para la adquisición de habilidades. No será hasta los 12-13 años, cuando el joven deportista empiece a desarrollar las habilidades específicas del deporte en cuestión, si bien será necesario que el deportista haya alcanzado un desarrollo suficiente de las habilidades motrices básicas.

1.2. Lugar de iniciación deportiva

El deporte en edad escolar tradicionalmente se ha desarrollado en los colegios. Sin embargo, en los últimos años se está observando como el peso de los colegios en el deporte escolar ha perdido importancia. En la actualidad son los clubes y ayuntamientos donde se está desarrollando el deporte (escuelas deportivas).

Esta disminución de la implicación de los colegios en el deporte escolar, no ha reducido sin embargo la importancia que tienen los colegios (profesores de educación física, Asociaciones de Madres y Padres, profesores en general, etc.) en el fomento de su práctica. En concreto, las clases de educación física de los colegios deben convertirse en el primer eslabón del futuro proceso de entrenamiento. En ellas se debe dotar al niño de una amplia base motriz necesaria para poder desarrollar sus cualidades, y de un conjunto de valores que le permitan introducirse en la práctica deportiva (Ahrabi-Fard y Matvienko, 2005; Añó, 1997; Blázquez, 2000; Saenz-López, 1997; Velásquez, 2001).

Esta práctica deportiva escolar debe entenderse y utilizarse bajo un prisma formativo y motivante. Su realización debe ser la base fundamental a partir de la cual el joven atleta comience su iniciación deportiva (Ahrabi-Fard y Matvienko, 2005; Devis, 1996; Hernández y Velásquez, 1996; Velásquez, 2000, 2001).

En este sentido, Añó (1997) señala que el modelo ideal de iniciación deportiva es aquel basado en una organización "Físico Deportiva Global", en la que *"existe una globalización de toda la actividad físico-deportiva de un centro de enseñanza contemplándola como un todo global en el que se incluyen las diversas áreas: las clases de educación física, los entrenamientos deportivos, la participación en competiciones e incluso, las actividades recreativas o las excursiones"* (p.69). Este modelo exige una relación directa y muy estrecha del profesor de educación física, con los monitores o entrenadores, a partir de la cual poder planificar, estructurar, y guiar de manera individualizada el proceso de enseñanza-aprendizaje del joven deportista.

Sin embargo, la realidad parece ser muy diferente. En primer lugar, la gran mayoría de centros escolares una vez acabado el horario escolar se cierran, a pesar de que la legislación actual obliga a que estén abiertos. En segundo lugar, de los pocos centros escolares que abren sus puertas en horario extraescolar, las actividades físico-deportivas están controladas por las Asociaciones de Madres y Padres de Alumnos (AMPAs), las cuales tienen que establecer convenios con asociaciones deportivas o empresas de servicios deportivos. Estas empresas, además de no disponer de personal cualificado, no establecen ningún tipo de contacto con los responsables del departamento de educación física del colegio, lo que impide una adecuada planificación y desarrollo del joven deportista.

Esta mala organización junto con otras razones está llevando a que los niños, cada vez más jóvenes, tengan la obligación de practicar actividades deportivas en clubes deportivos, en entornos alejados de sus centros escolares, lo que supone, además de estar alejados de sus amigos de clase, importantes gastos de tiempo, transporte, y una dependencia de sus padres para ir a entrenar. Todos estos aspectos pueden facilitar o desembocar en el abandono deportivo.

1.3. Monitores - Entrenador

La importancia de la figura del monitor o entrenador en los primeros contactos del niño con el deporte es muy grande, ya que va a ser su modelo de referencia. El monitor o entrenador será uno de los factores claves para la adherencia del niño a la práctica deportiva, la creación de hábitos, actitudes positivas, etc. (Cohen, 1998; Jiménez, Rodríguez y Castillo, 2002; Montiel, 1997; Prata, 1998; Williams y Wilson, 1998).

Multitud de trabajos de investigación señalan como una de las causas más habituales por las cuales aparece el abandono deportivo los problemas que el joven deportista tiene con el entrenador (Cruz, 1997, Klint y Weiss, 1986; Saura, 1996). En concreto, Salguero, Tuero y Márquez (2003) tras realizar una revisión bibliográfica señalan que muchos estudios de investigación han demostrado *"que los deportistas valoran más en sus entrenadores aspectos relacionados con el comportamiento personal y las relaciones humanas, que con los propios conocimientos técnicos"* (p.3).

Desde un punto de vista teórico, la gran mayoría de autores y expertos entienden la figura del entrenador en categorías de formación como un educador, a partir de lo cual establecen objetivos, formas de actuar, formas de comportarse, etc., totalmente diferentes a las propuestas y expuestas por entrenadores de equipos de alto rendimiento (Díaz, 1993; Giménez, 2003; Moreno y Del Villar, 2004; Prata, 1998; Salmela, 1994; Sans, 1993; Santos, Viciana, y Delgado, 1996). Por el contrario, desde un punto de vista práctico es fácil observar, al asistir a cualquier competición deportiva de formación que esto no ocurre así, apreciándose entrenadores que disponen de un talante, ante niños de 10-14 años, dictatorial, militarista, y excesivamente agresivo, lo que fomenta valores totalmente diferentes a los que deben predominar en el deporte de iniciación.

Las características que deben predominar en un entrenador en categorías de formación son todas aquellas que conduzcan al desarrollo del joven jugador dentro de un deporte educativo. En este sentido, Moreno y Del Villar (2004) realizan una recopilación sobre lo que los diferentes autores señalan que debe ser un buen entrenador, señalando que deben conocer los aspectos específicos del deporte, disponer de conocimientos sobre pedagogía, didáctica y metodología, así como conocer, en profundidad, a sus deportistas. Estos autores señalan que las características prioritarias del entrenador en etapas de formación son: trabajador, organizado, exigente, legal, optimista, sincero, líder carismático, capaz de establecer adecuadas relaciones sociales, responsable, creativo, crítico y reflexivo, y apasionado por lo que hace. En la Tabla 2 se recogen las características que diferentes autores señalan con respecto a como debe ser un entrenador en etapas de formación (Jiménez, Rodríguez y Castillo, 2002).

Tabla 2. Características que deben tener los entrenadores en etapas de formación (modificado de Jiménez, Rodríguez, y Castillo, 2002).

AUTOR	PROPUESTA DE ENTRENADOR DE JÓVENES
Martens et al. (1989)	Conocer muy bien el juego, ser un gran motivador y tener empatía
Arráez y Ambel (1993)	Experto en lo que enseña, ir formándose para ello, utilizar una metodología adecuada, tener un alto componente psicológico, y por encima de todo EDUCAR
Pintor (1997)	Conocer el deporte, conocer las características psico-evolutivas de los jóvenes y conocer los principios metodológicas apropiados para poder enseñar
Knop et al. (1998)	El entrenador de jóvenes debe caracterizarse por ser un gran: motivador, formador, observador y evaluador
Guimaraes (1998)	Formación específica, respeto por los valores éticos y profesionales, vocación para enseñar a jóvenes y capacidad de comunicación
Jiménez, Rodríguez y Castillo (2002)	Conocimiento sobre las características de los jóvenes, conocimiento sobre los fines apropiados para conseguir los objetivos que se planteen, conocimiento específico del deporte, respeto por los valores éticos y profesionales, vocación para enseñar a jóvenes y capacidad de comunicación con ellos

En definitiva, el entrenador debe dominar tres ámbitos para lograr un adecuado proceso de enseñanza-aprendizaje (Tabla 3), si bien estos tres ámbitos deberán ser amplios y flexibles (Jiménez, Rodríguez y Castillo, 2002).

Tabla 3. Ámbitos de formación y componentes a tener en cuenta (Jiménez, Rodríguez y Castillo, 2002).

ÁMBITO PEDAGÓGICO	- Programación - Diseño de sesiones y actividades - Organización de los contenidos - Metodología - Evaluación
ÁMBITO PSICOLÓGICO	- Motivación de los jugadores - Control y dirección de grupos - Capacidad de comunicación - Trabajo en equipo - Habilidades interpersonales - Conocimiento psicoevolutivo de los jugadores - Ambiente positivo de trabajo - Comportamiento del entrenador durante los entrenamientos - Comportamiento del entrenador durante la competición
ÁMBITO TÉCNICO	- Características principales del deporte - Técnica deportiva general y específica - Táctica deportiva general y específica - Estrategia deportiva general y específica - Preparación física general y específica - Reglas de juego
OTROS ÁMBITOS	- Anatomía y fisiología - Primeros auxilios - Organización del entrenamiento

Con el objetivo de gestionar mejor el proceso de enseñanza-aprendizaje dando mayor perspectiva y seriedad a la labor del monitor o entrenador, a mediados de los años ochenta aparece en España la figura del Director Técnico. Esta figura, será la encargada de planificar, supervisar, controlar, y evaluar todo el proceso de enseñanza-aprendizaje del joven deportista, de manera que será el responsable directo de su proceso de formación. Sin embargo, por motivos económicos, se aprecia una ausencia de esta figura en el deporte del patinaje artístico, lo que incrementa la importancia de los entrenadores, ya que van a ser ellos los que establecen cuales son los objetivos, la metodología, y los contenidos que se van a abordar. Esta falta de organización y planificación del proceso de formación por parte de las escuelas, clubes, colegios, etc. provoca que la formación del entrenador vea incrementada su importancia, ya que va a ser esta persona la que lleve a cabo el proceso en todos sus niveles.

Sin buscar establecer normas o verdades absolutas, en tales situaciones (ausencia de directores técnicos o coordinadores) si el monitor o entrenador posee formación a nivel de enseñanza (diplomado en educación física o licenciado en ciencias actividad física y deporte) va a disponer de una mejor perspectiva del proceso en su totalidad. En el caso, de que exista una estructura o director técnico, esta persona será la encargada de establecer la coherencia y planificación del proceso. Este aspecto es siempre mejor que la ausencia de guía o referencia, ya que eso provocaría que el proceso de formación al final dependa de la suma no relacionada de los planteamientos, contenidos, trabajos... de los entrenadores que el atleta haya tenido.

Ilustración 4. El entrenador deportivo como elemento fundamental de la formación del deportista.

En este sentido, Álamo, Amador y Pintor (2002) señalan que son escasos los estudios realizados en el entorno español en el que se analicen las características de los entrenadores en el deporte escolar. La mayoría de estos estudios obtienen conclusiones muy semejantes, dentro de las cuales cabe destacar que la gran mayoría de entrenadores:

- Son jóvenes, con una edad comprendida entre los 20 y 30 años (Álamo, Amador y Pintor, 2002; Saura, 1996).
- No poseen titulación universitaria. De los que la poseen, el 60% no tienen relación con actividad física, y los que sí, son generalmente maestros especialistas en Educación Física. Apenas el 30% de los entrenadores tienen estudios de bachillerato (Álamo, Amador y Pintor, 2002, Saura, 1996).
- No poseen titulación deportiva o, a lo sumo, son monitores.
- No asisten a cursos de reciclaje.
- No poseen experiencia como entrenadores.

A partir de estos datos, Álamo, Amador y Pintor, (2002) concluyen que la falta de cualificación de los entrenadores en el deporte escolar, es la principal causa del déficit educativo en ese nivel, y puede ser la causa de otros aspectos no adecuados del deporte escolar. En este sentido, hay que añadir que la baja cualificación del entrenador y la no realización de auto-reciclaje en el deporte escolar dan lugar a tremendas limitaciones en el proceso de enseñanza-aprendizaje. Estos "estancamientos" junto a la falta de recursos por parte del entrenador para motivar e incentivar al niño hacia la práctica deportiva, repercute en el abandono de la actividad deportiva (Garcés de los Fallos, 2004).

1.4. Pruebas médicas

La realización de pruebas médicas que valoren el aparato locomotor de los niños que se inician en la práctica deportiva debe ser el primer paso en todo proceso de formación deportiva, así como su realización regular a lo largo del proceso (ACSM, 2005). Varias son las razones por las que la realización de pruebas médicas debe ser obligatoria para que los niños puedan incorporarse a cualquier tipo de práctica deportiva:

Sea cual sea el objetivo que persiga la práctica deportiva, la salud de los niños o adolescentes debe estar por encima de todo. Así, si el sujeto presenta algún tipo de patología o aspecto físico que se puede agravar con la realización de alguna práctica física, este aspecto debe ser tenido en cuenta.

1. A partir de estos valores se podrá prescribir ejercicio físico de manera individualizada, adaptado a las características y necesidades de los jóvenes deportistas.
2. Servirán como referencia para medir el progreso de los jóvenes deportistas.

En este sentido, la aparición de patologías o lesiones detectadas a través de los análisis médicos periódicos, deben tenerse en cuenta para el rendimiento deportivo. Así mismo, el objetivo prioritario pasa por la restauración de la salud y, posteriormente, vuelta a la competición. Estos valores, deberían estar presentes en todo deportista y, sobre todo en etapas de iniciación, apostar por el alto rendimiento en pro de una merma de la salud.

1.5. Test y/o pruebas de selección

La realización de test de selección es un aspecto fundamental para establecer qué niños son posibles talentos (Añó, 1997; Bouchar, 1991; Brown, 2001; Leyva, 2003). Cuando la práctica deportiva se enmarca en un entorno de rendimiento, para poder optimizar los recursos humanos, temporales, materiales, y económicos, es necesario focalizar el esfuerzo en aquellos atletas que presentan mayores posibilidades para alcanzar el alto rendimiento.

Esta necesidad supone aplicar y utilizar diferentes test y pruebas de selección que ayuden a los expertos a seleccionar qué modalidad deportiva es más apropiada para cada deportista, y para dictaminar qué joven deportista tiene mayores posibilidades de alcanzar el máximo rendimiento deportivo.

En España se deberían realizar, al igual que en países como Australia o países de la Europa del Este, pruebas de manera regular y dentro del sistema escolar. Por ejemplo, en Australia, país que tiene menor número de habitantes que España, este tipo de pruebas se realiza de forma conjunta entre especialistas multi-disciplinares y el profesorado de primaria y secundaria. De igual modo, debería existir una base de datos nacional, en la cual se registre esa información. La utilización que se le de a esa información va a depender del planteamiento desde el cual se aborde la práctica deportiva, variando mucho si el planteamiento es deporte para todos (colegio, escuela municipal, etc.) o si el planteamiento es rendimiento (club, federación, etc.). Así, en el planteamiento de deporte para todos se hablaría de pruebas de control de la condición física, y éstas podrían tener un carácter más genérico y orientado hacia la salud; por otro lado, en el planteamiento de rendimiento se podrían utilizar para detectar posibles talentos deportivos.

Este tipo de pruebas se deberían realizar periódicamente a lo largo del tiempo (maduración de los niños), lo que permitiría evaluar y detectar, además de posibles talentos, las causas de los problemas actuales, tales como el sedentarismo y el sobrepeso infantil.

1.6. Grado de especialización

Ilustración 5. Especialización de patinadores en una modalidad específica de patinaje artístico.

La fase de iniciación es el momento del proceso de formación deportiva en la cual se debe establecer la base que fundamente la consecución de los objetivos del resto de fases. La mayoría de los autores (Tabla 1) comparten que esta fase debe ser multi-deportiva con el objeto de que el niño practique y reciba el mayor número de experiencias.

Blázquez (1995), desde un punto de vista del deporte en general, señala que *"la diversidad y el tratamiento multi-propósito deben prevalecer en las primeras fases"* (p. 274). Este tratamiento generalista es necesario para que se produzca un aumento importante en el bagaje motor del alumno, por lo que apuesta por una especialización tardía. Sin embargo, es posible que los deportistas sean motrizmente completos realizando únicamente un deporte, si bien, la presente propuesta defiende que es necesario que en el entrenador incluya actividades que complemente el déficit de habilidades que el deporte no tiene.

2. ASPECTOS RELEVANTES EN EL ENTORNO DEL ENTRENAMIENTO

En este apartado podemos analizar los diferentes aspectos que tienen que ver con el entorno del entrenamiento. Aquí, apreciaremos dos grandes bloques de información; por un lado, aquellos aspectos que tienen que ver con el entrenamiento que realiza el deportista (volumen, condiciones personales de entrenamiento, disciplinas practicadas, etc.) y, por otro lado, aquellos aspectos que condicionan el entrenamiento del deportista (tipo de entrenamiento, instalaciones y material específico, etc.) que, en definitiva, van a condicionar la calidad del mismo.

Estos aspectos se tornan importantes en la formación de un deportista, ya que, en muchos casos, son fácilmente subsanables para aumentar la calidad del entrenamiento. Además, a mejores condiciones de práctica deportiva y mayor calidad, se produce una mayor y mejor motivación, que repercute en más adhesión deportiva, así como mejores resultados.

Por ello, estos factores, tanto en la actualidad como en los inicios deportivos, condicionan mucho la calidad del entrenamiento de un deportista. Es, por tanto, necesario conocer las técnicas y tipos de entrenamiento así como dominarlas y practicarlas para que el entrenamiento sea mucho mejor que antaño y la evolución sea más rápida.

2.1. Condiciones de entrenamiento

Todo tipo de deporte presenta unas características inherentes al mismo que condicionan su entrenamiento. En este apartado, no se tratará de este aspecto, sino de las condiciones personales que el deportista presenta. A este respecto, observamos dos grandes puntos.

Los desplazamientos que los deportistas realizan día tras día para realizar sus sesiones, suponen un esfuerzo personal que, generalmente no está reconocido por el club o institución al que pertenece el deportista. Así, éstos se tienen que costear sus desplazamientos y, no sólo eso, sino también el tiempo que tardan en realizarlos. Una mayor cercanía del club e instalaciones a sus vidas, condicionará una práctica más frecuente del deporte y, también, una mayor asiduidad a las sesiones de entrenamiento.

Además, en muchos casos, unido al esfuerzo temporal y económico citado, la mayoría de los deportistas deben abonar una cuota al club (generalmente de forma mensual) e, incluso otra, por la utilización de las instalaciones. Este esfuerzo económico lleva a que muchos deportistas no asuman la responsabilidad de entrenar bajo la disciplina de un club. Solamente aquellos deportistas que, por norma obtienen buenos resultados, son becados por el club o institución, eximiéndoles de algún pago o facilitándoles otras medidas.

Las instituciones municipales y/o estatales deberían asumir este tipo de gastos, entendiendo que el deportista está en un proceso de formación deportiva. Desgraciadamente, esto no es así y, en muchos casos, el dinero o el poder (posibilidad de coche o transporte público) condicionan la práctica deportiva.

2.2. Deportes practicados y disciplinas practicadas

La relación de trabajo general y de trabajo específico va variando conforme avanza el proceso de formación deportiva. Así, desde el planteamiento multi-deportivo de las etapas iniciales en las que predomina la utilización de muchos y variados tipos de actividades físico-deportivas, el proceso de formación del deportista va evolucionando hasta planteamientos de súper-especialización en la etapa de alto rendimiento.

Es muy difícil establecer unos valores fijos para cada una de las etapas, debido a la necesaria aplicación del principio de individualización a las características del atleta. Así, el tipo de trabajo y/o planteamiento variará en función del género, la maduración, la edad de inicio, la existencia de lesiones, las experiencias previas, las prioridades del deportista, etc.

De forma específica en el patinaje existe una tendencia hacia la realización de pruebas combinadas en la iniciación para que el niño tenga un amplio bagaje en todas las disciplinas. Así, entendemos que en su iniciación no se debe coartar la práctica de otros deportes que tengan los patines como fundamento (patinaje de velocidad, hockey sobre patines, etc.). Este amplio bagaje repercutirá positivamente en la formación del deportista y en una mejor base para la adquisición de habilidades más específicas. Dentro de ellas, el patinaje artístico, a su vez, presenta otras muchas disciplinas.

Cada disciplina tiene unas características propias que deben tenerse en cuenta en el momento de la elección del deporte y, sobre todo, de la especialización del deportista.

2.3. Test de control

El control de la evolución del deportista a lo largo del proceso de formación es de gran importancia para multitud de aspectos tales como, por ejemplo, la planificación y control del proceso de formación deportiva, el diseño de tareas adecuadas para el deportista, el control de su estado de salud física y psicológica, su adherencia al ejercicio, etc. La realización de estas pruebas de control va a permitir evaluar el progreso del deportista, lo cual incrementará su motivación. Además, estos test van a permitir orientar y mejorar el proceso de trabajo llevado a cabo por parte del entrenador. De igual modo, los test van a permitir detectar posibles talentos deportivos y controlar su evolución.

Muchos entrenadores y/o monitores, sobre todo en etapas de iniciación, utilizan las diferentes competiciones para valorar el rendimiento de sus deportistas. Este sistema es válido, sin embargo, puede no aportar una información totalmente veraz, ya que en el momento de competir pueden influir otros muchos factores que determinen su rendimiento. El entrenador, sobre todo en alto rendimiento, deberá contrastar toda la información posible en pro de sus deportistas y, así, poder orientar su entrenamiento para conseguir los objetivos establecidos.

2.4. Horas y días de entrenamiento

El dominio de cualquier habilidad motriz se logra a través de un adecuado volumen de trabajo (ej. ley de las 10.000 horas), además de por la calidad del trabajo y la realización de unos correctos ejercicios. Así, normalmente un incremento en el volumen de trabajo implica un incremento en el rendimiento del deportista. Este aspecto debe ser considerado al trabajar con jóvenes, ya que se pueden detectar falsos talentos en deportistas que han realizado grandes volúmenes de trabajo.

Los deportistas que presentan valores de talentos para su edad pero que han sido logrados por un exceso de entrenamiento y/o alta especificidad del trabajo, puede ofrecer un gran riesgo de estancamiento futuro. En este sentido el niño puede haber quemado etapas de su proceso formativo. Sin embargo, si ocurre lo contrario, y el niño presenta un reducido volumen de trabajo, puede ocurrir que el niño no presente el suficiente bagaje de experiencias motrices, además de desaprovechar los periodos sensibles de su proceso de formación.

Ilustración 6. Una adecuada especialización debe fundamentarse en un buen volumen de trabajo.

2.5. Trabajo con pesas

En patinaje la mayoría de las pruebas requieren la aplicación de altos niveles de fuerza rápida y/o reactiva (Bompa, 2000; Brown, 2001). Dentro del trabajo de fuerza, el trabajo con pesas o halteras es uno de los medios más utilizado por los atletas de rendimiento.

La importancia de las manifestaciones de la fuerza en el patinaje artístico provoca que sea necesaria una correcta planificación del proceso de trabajo. Así, la utilización de los distintos medios para el desarrollo de la fuerza debe utilizarse de forma escalonada. En primer lugar, deben utilizarse las auto-cargas, después las pequeñas cargas y la oposición del compañero, para más adelante pasar a realizar el trabajo con pesas y otros medios más intensos (Bompa, 2000).

La utilización prematura de algunos medios de fuerza con los deportistas conlleva quemar etapas en el trabajo de fuerza, así el joven deportista obtendrá grandes mejoras a corto plazo a costa de estancarse a largo plazo con la utilización de esos medios ya que los mismos no supondrán un estímulo para el deportista.

Todo este trabajo de fuerza debe ir relacionado con las posibilidades fisiológicas de los deportistas (periodos sensibles). En las etapas iniciales del proceso, el trabajo de fuerza de ir orientado hacia la mejora a través de las capacidades coordinativas para que después se produzca la maduración y con una buena base lograda a través del trabajo coordinativo iniciar el trabajo mediante aspectos estructurales (Bompa, 2000; Cometti, 1998).

2.6. Tipo de entrenamiento

Aunque el principal entrenamiento que realizan los deportistas y así establecen los entrenadores (Abraldes, 2006) es el físico, también existen otro tipo de formas de entrenar. En el patinaje artístico, el deportista se enfrenta a una competición contra él mismo, donde debe superar su ejecución, sin tener un rival directo en la pista de patinaje. Los momentos previos, la concentración, los factores psicológicos y emocionales, determinan la ejecución de ese deportista en la inmediata competición.

El entrenador debe ser además psicólogo. Se debería contar con un gabinete o equipo técnico que pueda aportar estrategias para superar esos momentos clave o indicar pautas de cómo asumirlos correctamente.

Por otro lado, la ejecución correcta de habilidades específicas en este deporte, viene por la observación e imitación de los grandes patinadores. En este aspecto, hoy en día se cuenta ya con la posibilidad de visualizar las competiciones, propias y ajenas, para ver y analizar los elementos técnicos. Así, teniendo en cuenta la valoración de los jueces sobre unos elementos, se podrán plantear nuevas coreografías y otros elementos técnicos de mayor dificultad para el deportista.

Así pues, se deberían controlar más aspectos que el puramente físico, sobre todo en etapas de formación, ya que factores como los comentados pueden condicionar la evolución de un deportista. Por ejemplo, el patinaje artístico está condicionado a un estereotipo de belleza y armonía, que condiciona en cierta medida hábitos alimenticios de los deportistas. En edades tempranas el no controlar este tipo de situación, puede determinar enfermedades como anorexia o bulimia en los deportistas, con ánimo de conseguir los objetivos que, ellos mismos, se proponen.

2.7. Lugar de entrenamiento

Las características de la instalación condicionan en gran medida la calidad del entrenamiento. En patinaje artístico es fundamental tener unas buenas instalaciones, ya que en gran medida dependen de ellas. Así, aunque lo primordial es una pista de patinaje, ésta puede presentar características particulares como el suelo (terrazo, parqué, sintético, etc.), el entorno (abierta o cerrada), el clima, los desperfectos, etc.

Todas estas características condicionan el entrenamiento, por ello es adecuado, a ser posible, la variedad de situaciones de entrenamiento. No sólo en relación a la pista de entrenamiento, sino también a otros espacios deportivos como puede ser el gimnasio o la sala de musculación.

Una iniciación deportiva en unas instalaciones adecuadas creará una mayor adhesión a la práctica de ese deporte, en igualdad de situaciones con otros aspectos. Además, unido a ello, incrementará la calidad de los ejercicios y técnicas de los deportistas.

Podemos afirmar que la instalación más determinante es la pista de patinaje. En muchos casos ésta es descubierta y presenta la problemática del frío en época invernal y, en otros casos, es cerrada, presentando también inconvenientes como goteras, acústica, humedad, etc. Además, los deportistas entrenan aspectos de condición física en gimnasios y salas de musculación. Concretamente, utilizan espacios alternativos para la creación y diseño de coreografías antes de su traslado a la pista de patinaje. Ante lo cual, entendemos que estos espacios deportivos, deberían ofrecer la mayor de las calidades, para que contribuya a un mejor rendimiento del patinador.

Ilustración 7. Alguna de las disciplinas del patinaje artístico necesita de la participación de numerosos patinadores.

2.8. Institución

El club es una parte más dentro de la formación de los jóvenes deportistas. Se debe entender su actuación como un servicio que se oferta a los ciudadanos el cual debe tener un mínimo de calidad. Nunca se debe perder de vista que juega un papel importante en la educación y salud de los jóvenes. Poco a poco, las exigencias de calidad por parte de los padres y niños con respecto al club y las personas que éste elige para realizar el proceso serán mayores. Así, este aspecto a la larga va a influenciar en el proceso y en la adherencia del niño al mismo.

Entendemos pues que el club es un medio sobre el que el deportista crece y evoluciona. El club o la institución que le permite la práctica deportiva son un medio, el camino que les lleva a la formación deportiva y, en su caso, al éxito como deportista.

2.9. Instalaciones y material de entrenamiento

Aunque con matizaciones en función de la disciplina, para lograr resultados deportivos a nivel de rendimiento es necesario disponer de instalaciones y materiales suficientes y adecuados. Si bien es cierto que en múltiples ocasiones la calidad y cantidad de las instalaciones y material del que se dispone no depende directamente del club o de los entrenadores, sí que debe ser objetivo principal del entrenador intentar lograr el mejor material y las mejores instalaciones posibles.

El entrenador no podrá ofertar un buen servicio si no dispone de instalaciones y materiales suficientes para poder impartir la disciplina con una calidad mínima, tanto a nivel de aprendizaje del joven deportista, como de seguridad y de creación de hábitos. Un claro ejemplo de este aspecto es no disponer de vallas de seguridad en la pista de patinaje, o no contar con un firme adecuado (socavones, goteras, diferentes tipos de dureza en la misma pista, equipo de música adecuado, etc.). Esto impide la enseñanza de determinados elementos técnicos. Otro ejemplo sería no disponer de vestuarios adecuados para fomentar el hábito de la higiene después de la práctica deportiva.

Por otro lado, en muchas ocasiones los entrenadores sí que disponen de instalaciones y materiales adecuadas y sin embargo no enseñan/forman con una mínima calidad. Tan necesario será disponer de instalaciones y materiales adecuados, como saber y querer obtener su máximo rendimiento.

3. ASPECTOS RELEVANTES EN LOS MOTIVOS DE LA PRÁCTICA DEPORTIVA

En este apartado se aborda factores relacionados principalmente con las motivaciones que los deportistas presentan a la hora de practicar este deporte. Por otro lado, se analizan las expectativas que se plantearon en sus inicios, así como los éxitos deportivos que se van logrando con el paso de los años hasta la actualidad.

Que un deportista esté motivado hacia la práctica deportiva influirá más positivamente en sus logros que otro que no muestra este interés. Además, las expectativas que ellos se marcan deben ser revisadas y no utópicas, planteándose metas que se puedan conseguir con el entrenamiento, y que estén al alcance de cada deportista. También sabemos, que los éxitos anteriores influyen en la disposición y motivación que los deportistas presentan de cara a competiciones futuras.

Ilustración 8. Errores en la competición deportiva pueden producir una desmotivación del deportista.

3.1. Motivos de práctica deportiva

Los resultados de los entrenamientos dan sus frutos a largo plazo, tras años y años de trabajo. Esto provoca que para conseguir éxito en el proceso sea necesaria la adherencia del sujeto al mismo. Esta adherencia a su vez depende de si entre lo que la práctica deportiva ofrece a los niños y sus motivaciones y expectativas, ya que si no hay relación se puede producir el abandono deportivo (Brown, 2001; Martens, 1997).

Estos aspectos, la motivación y las razones por las cuales el niño abandona el deporte, son uno de los factores psicológicos que los entrenadores y organizadores del deporte tienen más en cuenta cuanto trabajan con jóvenes (Gould, 1982). Los estudios de investigación (Cruz, 1997; Olmedilla, Lozano y Garcés de los Fayos, 2001) indican que los motivos principales por los cuales los niños y niñas participan en deportes escolares y no escolares son la diversión, el hacer algo en lo que destacan, mejorar sus destrezas, hacer ejercicio, ponerse en forma, estar con los amigos, conocer gente y competir (Tabla 4).

Tabla 4. Motivos de participación deportiva de los jóvenes.

	NIÑOS	NIÑAS
DEPORTE NO ESCOLAR	• Divertirme • Hacer algo en lo que destaco • Mejorar mis habilidades • Por la emoción de la competición • Estar en forma • Por el reto de la competición	• Divertirme • Estar en forma • Realizar ejercicio físico • Mejorar mis habilidades • Hacer algo en lo que destaco • Para aprender nuevas habilidades
DEPORTE ESCOLAR	• Divertirme • Mejorar mis habilidades • Por la emoción de la competición • Hacer algo en lo que destaco • Estar en forma • Por el reto de la competición	• Divertirme • Estar en forma • Realizar ejercicio físico • Mejorar mis habilidades • Hacer algo en lo que destaco • Formar parte de un equipo

En esta línea Cruz (1997) indica, tras realizar una revisión sobre esta temática, que los estudios presentaron las mismas motivaciones pero con orden de motivaciones diferentes. Las chicas suelen citar con mayor frecuencia que los chicos motivos como divertirse y hacer nuevas amistades. Con respecto a la edad, los estudios indican que conforme ésta aumenta, disminuye la importancia concedida a la mejora de las destrezas propias del deporte, y aumenta la importancia dada a la emoción del juego y a la victoria.

Los estudios no muestran diferencias sistemáticas en los motivos de participación de los jóvenes que practican deportes diferentes. A pesar de las diferencias encontradas entre las distintas investigaciones, lo que si parece quedar claro es que un gran número de investigaciones señalan que la diversión y la satisfacción son los motivos por los que la mayoría de los niños y niñas, independientemente del género y la edad se inician en el deporte.

La razón más frecuente por la que se produce el abandono deportivo es el conflicto de intereses con otras actividades o con otros deportes. Sin embargo, y aunque en un porcentaje menor, también se pueden encontrar niños que abandonan el deporte por factores negativos, tales como el estrés competitivo, el aburrimiento, entrenadores muy rígidos, etc. (Weinberg y Gould, 1996).

Las motivaciones de los niños (Tabla 5) como las motivaciones de los atletas van cambiando a lo largo del proceso deportivo. Se hace necesario que los entrenadores conozcan las motivaciones que los atletas tienen ya que, de lo contrario, se puede producir un desajuste entre las motivaciones de ambos y desencadenar en el abandono deportivo.

Tabla 5. Diferencias en las motivaciones de inicio, mantenimiento y abandono.

	DEPORTES INDIVIDUALES	DEPORTES EQUIPO
MOTIVOS INICIO	• Salir del entorno habitual	• Se practica en el barrio • Tener amigos que practican ese deporte
MOTIVOS MANTENIMIENTO	• Los resultados dependen únicamente de mí • En la competición soy yo contra los demás • Si un día no entreno me siento mal	• Mi deporte es espectacular y emocionante • A pesar de la lluvia y frío voy a entrenar • Llegar lejos en mi deporte es importante
MOTIVOS ABANDONO	• A mis padres no les gusta mi deporte • Mi trabajo no me permite rendir	• Muestran medias superiores en el resto de ítem: siento excesiva responsabilidad, me divierte más irme de marcha, los directivos no están cuando se les necesita...

Otro aspecto a considerar son los motivos por los cuales se inicia y práctica una u otra disciplina del patinaje artístico: las marcas, los amigos o compañeros de entrenamiento, la opinión de los entrenadores, etc. Determinadas pruebas encajan con determinadas formas de ser o de actuar de los jóvenes.

3.2. Expectativas en la práctica deportiva

Todo joven deportista se acerca a la práctica del patinaje artístico con expectativas, sueños, héroes a imitar o emular, etc. Estos objetivos personales a corto, medio y/o largo plazo son los que mantienen al deportista en la pista los malos días, cuando las cosas no salen o cuando el tiempo no acompaña. Los entrenadores, coordinadores, familiares o personas implicadas de alguna forma en el proceso deben ser conscientes de que ésta es un arma de doble filo, ya que si las metas o expectativas son sencillas, el niño no se motiva y si las metas son inalcanzables, el niño se desmotiva. Al final, en una o en otra, el niño acaba abandonando la práctica deportiva.

Es importante ser conscientes de las metas de los atletas y en qué grado se van cumpliendo. Como entrenadores se debe ayudar a los atletas a establecer sus metas a corto, medio y largo plazo, y ser el punto de referencia para evitar excesos de ilusión o excesos de pesimismo en el establecimiento de las expectativas de los atletas.

Ilustración 9. Los familiares y el entorno del deportista pueden condicionan las expectativas del deportista.

La percepción de la habilidad personal (auto-eficacia) por parte del deportista es una variable fundamental para que el niño continúe practicando dicho deporte y no lo abandone (burn-out). Los factores motivacionales que pueden ser la causa del abandono por parte de los jóvenes deportistas son:

- Desvanecimiento de los motivos originales.
- Falta de apoyo social.
- Percepción de ausencia de progreso técnico y físico.
- Dificultad para establecer metas de logro.
- Falta de comunicación adecuada.
- Incluir demasiada tensión en la práctica deportiva

- Personalidad negativa.

El control de las expectativas de los deportistas es fundamental en el proceso motivacional del deportista. El establecimiento de forma conjunta entre entrenador y deportista o el conocimiento de los mismos por parte del deportista es necesario y de gran ayuda a este respecto. Weinberg y Gould (1996) señalan unos principios generales para su uso: establecer objetivos a medio y largo plazo, establecer objetivos de rendimiento y de resultado, establecer objetivos difíciles pero alcanzables y establecer la forma operativa de los objetivos marcados. Cabe destacar que estos principios coinciden con los principios del entrenamiento deportivo y de control motor, la diferencia estriba en que el atleta es consciente de los mismos y de su progresión.

4. ASPECTOS RELEVANTES DEL ENTORNO DEL DEPORTISTA

En este apartado se abordan los factores relacionados con las características que rodean al deportista en su vida cotidiana. En este sentido Dosil (2004) señala que se pueden apreciar cuatro figuras deportivas que giran en torno al deportista en las etapas de formación: Los padres, los entrenadores, los directivos y los árbitros. En nuestro caso analizaremos la familia, con la práctica de sus progenitores y la actitud que ésta muestra ante la práctica deportiva de su hijo/a.

Además de la familia, otro vínculo que se manifiesta como determinante son las amistades que el deportista tiene, ya que condicionan sus hábitos cotidianos. Así debemos conocer este aspecto de su entorno, junto con la valoración que él tiene de sus amigos y, por el contrario, la que el percibe por parte de ellos.

También consideramos interesante saber el entorno en el que se mueve el deportista, si estudia o trabaja y en qué; así como las perspectivas que éste pueda tener en su vertiente profesional. Es por ello que además analizamos su formación tanto en el ámbito deportivo como en el profesional.

4.1. La familia del deportista

El papel de la familia en el proceso de formación del niño, tanto a nivel general como a nivel deportivo, es determinante. Las experiencias previas y la actitud que los padres o familiares cercanos tengan hacia la práctica deportiva va a ser determinante para que el joven practique actividad física y/o deporte (González-Oya y Dosil, 2003). Una actitud positiva del entorno familiar, que implique una participación adecuada, supone un incremento elevado en el grado de satisfacción del joven deportista por la práctica deportiva, eleva su auto-confianza e incrementa su adherencia a la práctica de actividad física (Morilla, Gamito, Gómez, Sánchez, y Valiente, 2004). En este sentido, las características que deben destacar en los padres para provocar una respuesta correcta en sus hijos son (a partir de Smoll y Smith, 1999; Dosil, 2004):

- Aprender a controlar sus emociones, favoreciendo las emociones positivas en sus hijos, sin dar ningún tipo de instrucciones o hacer críticas.
- Aceptar el papel del entrenador, sin interferir en los planteamientos e instrucciones que da a su hijo.
- Aceptar los éxitos y los fracasos, sin realizar comentarios despectivos de los demás miembros del pentágono deportivo.
- Expresar interés, dar ánimo, y apoyo. Saber escuchar.
- Aceptar su rol en el campo, siendo un modelo de auto-control y permaneciendo en el área que le corresponde.
- Ser un modelo de actuación y ayuda en la creación de hábitos de actividad física y salud.

Sin embargo, en muchas ocasiones se encuentran actitudes de padres totalmente contrarias a estos criterios, lo que hace que el joven deportista perciba la actividad física y el deporte como un lugar en el que destapar todas sus iras. Por eso, uno de los apartados más importantes que un entrenador de categorías de formación debe conocer y controlar es su relación con los padres. Una buena relación fundamentada en un clima de diálogo y reparto de responsabilidades aportará mayor riqueza y consistencia al proceso de formación del joven jugador.

En el momento en el que un padre/madre, lleva a su hijo a una escuela deportiva, empieza a adoptar el denominado rol de padre o madre de un deportista, rol que hasta ese momento desconoce. Este rol está compuesto por *"el conjunto de actitudes (formas de pensar) y de comportamientos (formas de actuar) del padre o de la madre con su propio hijo e hija y con el resto de personas que tienen una presencia significativa en el contexto de la práctica de su deporte: el entrenador, sus compañeros de club, los padres de sus compañeros, los árbitros, los responsables deportivos, etc."* (Gimeno, 2000, p.18).

Tabla 6. Relación entre padres de deportistas y entrenadores (Gimeno, 2000).

OBJETIVOS DE LOS ENTRENADORES CON LOS PADRES Y MADRES	TÉCNICAS PARA INFLUIR EN LAS ACTITUDES Y CONDUCTAS DE LOS PADRES Y MADRES
AYUDAR A LOS PADRES A QUE ADQUIERAN ACTITUDES Y CONDUCTAS POSITIVAS	• Aportar información útil • Aprobar e incentivar, en presencia de los otros padres, las actitudes y conductas positivas en otras personas • Ser modelo o ejemplo para los padres y madres
AYUDAR A LOS PADRES A QUE MANTENGAN Y REFUERCEN LAS ACTITUDES Y CONDUCTAS POSITIVAS QUE YA TIENE	• Aprobar e incentivar las actitudes y conductas positivas de los padres y madres • Facilitar que una actitud o conducta positiva de los padres anule o reduzca un daño o perjuicio • Reducir el incentivo que esté manteniendo las actitudes y conductas negativas de los padres y madres
AYUDAR A LOS PADRES A QUE CAMBIEN SUS ACTITUDES Y CONDUCTAS NEGATIVAS	• Reducir el incentivo que esté manteniendo las actitudes y conductas negativas de los padres y madres • Aprobar e incentivar las actitudes y conductas positivas que sustituyen a las negativas • Reprobar y sancionar las actitudes negativas

Los entrenadores deben entender que el padre acaba de adoptar el rol del padre del deportista y desconoce bastante sus responsabilidades y funciones. Es necesario ayudarle, para lo cual se tiene que conocer los objetivos a alcanzar y las técnicas que pueden influir en las actitudes y conductas de los padres (Tabla 6).

Los entrenadores deben saber que las experiencias previas y/o actuales en el campo deportivo de los padres, y las actitudes que tengan hacia las mismas van a influenciar en la adherencia de los niños al deporte en general, y al patinaje en particular. En esta línea, resulta importante conocer las experiencias previas y la percepción que tienen los padres y las madres de la práctica deportiva de su hijo.

4.2. El entrenador

La formación del entrenador es clave tanto para abordar la fase de iniciación (8-12 años) como la fase de perfeccionamiento que los deportistas afrontan a los 14-16 años. Si bien es cierto que la posesión de una cierta titulación no repercute automáticamente en una mayor calidad en el proceso de formación que van a tener los deportistas. Hay otros aspectos que entran en juego con respecto a la labor de los entrenadores: sus aptitudes, su experiencia, su formación continua, la dedicación temporal, la motivación e implicación, etc. (Martens, 1997).

Sin embargo, sí creemos que debe existir algún tipo de filtro o control del proceso de formación. En la actualidad, a pesar de que la federación española de patinaje (FEP) controla el proceso de formación estableciendo tres niveles de cualificación, no existe ningún tipo de control de las personas que están trabajando en las pistas con los niños y jóvenes patinadores. Este aspecto es clave, ya que el nivel que ofrecen las personas que están dirigiendo a las bases va a determinar la formación que éstos reciben, su adherencia, progresión, etc.

4.3. Los compañeros de entrenamiento

Los compañeros de entrenamiento ocupan un papel determinante en la iniciación deportiva (Dosil, 2004). Si bien, mayoritariamente el patinador ejecuta individualmente (o por parejas) se coreografía, cuenta con compañeros de entrenamiento que, aunque rivales en competición, son importantes en su evolución y formación continua como deportista.

No se debe olvidar que la competición es únicamente la parte final y visible del trabajo que realiza el deportista. En el resto del tiempo de trabajo se hace necesario que el patinador entrene o trabaje en grupos. Este aspecto es fundamental para mantener la motivación del deportista, la calidad y cantidad de los entrenamientos, la competitividad, la colaboración y el apoyo de los compañeros, etc. Así, en este trabajo se considera el patinaje como un deporte individual a nivel de competición pero un deporte de grupo a nivel de entrenamiento. Este aspecto va a permitir optimizar el trabajo del entrenador, además de reducir los tiempos de preparación y organización del material.

Ilustración 10. La modalidad de show es una modalidad grupal, donde los compañeros participan simultáneamente en la competición.

4.4. Las amistades

Diferentes trabajos de investigación señalan que en las etapas de formación la amistad es muy frecuente y valorada muy positivamente entre los practicantes de una modalidad deportiva (Smith, 1999; Weiss y Stuntz, 2004). La amistad es entendida como una relación diádica, cerrada y mutuamente aceptada, en la que los componentes presentan conductas pro-sociales, como ayudarse a compartir o cooperar (Dosil, 2004). El entorno de los amigos, se convierte en un entorno determinante para que los deportistas adquieran hábitos saludables (Morilla et al., 2004).

En esta línea, se aprecia que los jóvenes deportistas con hábitos poco saludables (tabaco, alcohol y/o drogas) tienen un elevado porcentaje de amigos que también consumen sustancias nocivas; sin embargo, aquellos deportistas que no consumen este tipo de sustancias, se mueven en un entorno de amigos que tampoco presentan este hábito. Estos datos señalan la necesidad de que los entrenadores fomenten la creación de grupos de entrenamiento en los que predomine el valor de la amistad, ya que además de favorecer la mejora en el campo deportivo, supone la creación de grupos de amigos con hábitos de vida saludables.

La presencia de amigos con objetivos afines propiciará la consecución de objetivos comunes. Si bien, en muchas ocasiones estos vienen determinados por la casuística o impuestos por la propia realidad (compañeros que se conocen por realizar actividades comunes). Por ello, la amistad debe de ser valorada como tal, no como compañerismo, que también existe. Así otros deportistas del club pueden ser grandes compañeros, pero sus amigos son los que propician un determinado comportamiento u hábito. La importancia de conocer la opinión que el deportista tiene de sus compañeros y amigos, así como la de éstos con respecto a la del propio patinador es fundamental para el monitor. Esta información propiciará la creación de grupos de entrenamiento más sólidos y fuertes grupalmente.

4.5. Titulación y formación

La titulación es un criterio más para determinar o suponer la formación de una determinada persona. Sin embargo no existe una relación directa entre el conocimiento que una persona tiene sobre un determinado aspecto (patinaje) con la titulación que pueda tener. La práctica, las experiencias, la dedicación y otros muchos factores hacen que la formación sea mayor en muchos casos de la vida.

Ahora bien, la mayor formación, tanto por el entrenador como del deportista, aportará una mejor comprensión de los aspectos propios del deporte y específicos del patinaje. Este dominio, no sólo a nivel práctico, sino también intelectual, fomentará el estudio y práctica del deporte, propiciando una mayor adhesión deportiva.

Conocer la formación genérica (estudios, trabajo, ocupación, etc.) que el deportista puede presentar será de gran utilidad para un mejor conocimiento de su persona (problemática, intereses, objetivos, etc.). De este mismo modo, la formación específica en la disciplina deportiva, nos podrá indicar un mayor o menor interés por el deporte en general y el patinaje en particular.

Generalmente, esta formación específica es facilitada para los deportistas de los clubes (al menos la básica) y, en mayor medida, para los deportistas de élite o de mayor nivel. Como sabemos, éstos pueden acceder a titulaciones de nivel superior de forma directa al contemplarse su experiencia y participación en campeonatos internacionales.

METODOLOGÍA

En el presente capítulo se describirá el proceso llevado a cabo para realizar dicho estudio. Aquí se encontrarán los diferentes pasos seguidos, así como las características propias de esta investigación. La importancia de detallar el proceso y justificar el camino realizado, dan la posibilidad de que, en un futuro, otros estudios puedan replicar el trabajo realizado.

A continuación se detallarán los bloques más importantes de la metodología realizada, que hemos concretado en seis grandes apartados: 1) población, 2) diseño, 3) procedimiento, 4) toma de datos, 5) material y 6) estadística.

1. POBLACIÓN

La población de estudio comprende a los deportistas de Patinaje Artístico de todo el mundo, con licencia federativa en el año 2006. La muestra quedó definida como el 46% de los deportistas de Patinaje Artístico que participaron en el Campeonato del Mundo de Patinaje Artístico, celebrado en la Región de Murcia, en el año 2006.

Dicha muestra asciende a un total de 142 deportistas, de los cuales el 80,28% (114) son mujeres y el 19.72% (28) son varones. De entre los cuales, la altura y el peso medio de las mujeres se sitúa en 164,15 centímetros y 55,93 kilos respectivamente; por el contrario, estos datos en los varones son de 176,19 centímetros y 68,07 kilos respectivamente. El índice de masa corporal medio es de 20,53 en las mujeres y de 21,88 en los varones.

Tabla 7. Características de la muestra. Datos expresados en medias.

Género	Casos	Edad	Peso	Altura	IMC
Femenino	114	21.42±8.88	55.93±6.15	164.15±7.71	20.53±2.73
Masculino	28	20.72±3.60	68.07±9.72	176.19±7.75	21.88±1.97
Total	142	21.28±8.11	58.01±8.25	166.13±7.53	20.76±2.67

Leyenda: *(IMC) Índice de masa corporal.*

2. DISEÑO

Se utilizó un diseño pre-experimental descriptivo intergrupo e intragrupo. El registro se realizó a través de un cuestionario de 63 preguntas. El cuestionario fue realizado partiendo del cuestionario diseñado por Campos (1995), remodelado y ampliado en otras actividades deportivas (Abraldes,

2005; Palao, Ortega, Calderón y Abraldes, 2008), y adaptado para este estudio en particular, validado a posteriori tras las adaptaciones e incorporaciones realizadas.

Las variables objeto de estudio se agruparon en cinco grandes grupos:

Bloque 1. Variables relativas a las características del deportista: Género (masculino o femenino), año de nacimiento, disciplina que se práctica en el campeonato y país analizado.

Bloque 2. Variables relativas a los inicios en la práctica deportiva: edad de inicio, lugar de iniciación deportiva (club escolar/colegio, club deportivo, escuela municipal, u otros), formación del entrenador en los inicios (entrenador nacional, monitor nacional, diplomado/licenciado, licenciado en educación física o sin titulación), realización de pruebas médicas (sí o no) y seguimiento medido (bien, regular, o mal, y si es considerado imprescindible), realización de test de selección (sí o no) y lugar de realización (laboratorio, campo, o ambos), y grado de especialización (figuras obligatorias, libre, combinado, parejas artístico, parejas danza, precisión y línea).

Bloque 3. Variables relativas a los tipos de práctica deportiva: práctica de otros deportes además del patinaje artístico (sí o no), práctica de otras disciplinas (sí o no, y cual), realización de test de control (sí o no) y su periodicidad (anual, semestral, y trimestral), horas y días de entrenamiento (número de sesiones a la semana y número de horas por sesión), y trabajo con pesas (sí o no) y años de realización.

Bloque 4. Variables relativas a los motivos de práctica deportiva: motivos de práctica (marcas, familia, test, entrenador), y expectativas de práctica (deporte, competir, diversión, o élite) y grado de cumplimiento de sus objetivos (cumplido, a medias, estoy, difícil, o imposible).

Bloque 5. Variables relativas a las características del entorno: experiencias de la familia (práctica de patinaje artístico por parte de los padres, otros deportes, o no práctica de deporte), actitud familia hacia el deporte (muy favorable, favorable, indiferente, negativa, o muy negativa), nivel de compatibilidad entre estudios y entrenamiento (bien, regular, mal, o inexistente), formación entrenador actual (entrenador nacional, monitor nacional, diplomado/licenciado, licenciado en educación física o sin titulación), número en el periodo de formación, valoración del entrenador (bien, regular, mal, o inexistente), forma de entrenar (solo o en grupo - y nivel del grupo-), club (bien, regular, mal, o inexistente, y si es considerado imprescindible), e instalaciones y material (bien, regular, mal, o inexistente, y si es considerado imprescindible).

3. PROCEDIMIENTO

El cuestionario diseñado como herramienta para la recogida de información pasó por diferentes fases de elaboración, así como por distintos filtros de validación y fiabilidad. Estos se especifican a continuación:

a. Elaboración del cuestionario

La elección del cuestionario como instrumento de esta investigación atiende a ventajas que defienden autores como Gómez (1992), Fernández Balboa (1997) y que fundamentalmente se centran, en nuestro caso, en dos aspectos: Por un lado, la ventaja de recoger información a grandes muestras y, por otro, la brevedad de tiempo en la que la información es recogida. Por las características que se reflejan en este estudio nos hemos decantado por este instrumento, a pesar de las desventajas que también presenta.

Para la confección del cuestionario, la redacción de las preguntas, la ordenación de las ideas, así como para la estructura y diseño del mismo, se realizaron una serie de pasos hasta llegar a la originalidad y atractivo final del instrumento. Estos son:

1. El planteamiento de los ítems y de las áreas relacionadas de contenidos se establecieron en función de las hipótesis planteadas y de los objetivos propuestos en la investigación. En esta fase se anotaron todas las ideas que estuviesen relacionadas con el tema de estudio y que pudiesen dar lugar a preguntas sobre los objetivos planteados.

2. Seguidamente, de entre la multitud de ideas surgidas y anotadas, pasamos a una ordenación y estructuración de las mismas con respecto a las diferentes áreas afines al tema de estudio.

3. A continuación, se procedió a una redacción de un borrador del cuestionario, donde se estructuraban ya las diferentes áreas en función de la importancia y características de las preguntas, pa-

ra lo cual, consultamos otros cuestionarios utilizados en estudios similares.

4. Una vez diseñado este primer cuestionario por parte del investigador principal, se sometió a la crítica constructiva de otros investigadores, que con sus observaciones y aportaciones llevaron a una mejor redacción del mismo y a la sustitución y/o inclusión de nuevos ítems de relevancia.

b. Validación del cuestionario

Confeccionada la primera versión del cuestionario e incluidas las anotaciones de los diferentes investigadores se inició el proceso de validación del mismo. Este proceso consistió en tres grandes apartados:

- La primera acción fue realizar una **prueba piloto**. Ésta se llevó a cabo con diferentes deportistas de patinaje artístico, que no se incluían dentro de la muestra a analizar. Dicha prueba sirvió para detectar los posibles errores u omisiones del cuestionario, así como para replantearse la redacción de algunas preguntas que, en dicha prueba, suscitaron dudas por parte de los deportistas. Se modificó finalmente el cuestionario con las apreciaciones, dudas y cuestiones que en esta prueba se planteaban, para facilitar la labor de entendimiento por parte de los sujetos.
- La validación y valoración de la herramienta se realizó, en primer lugar, por parte de doctores afines a las áreas incluidas en el cuestionario, **validación por consenso**. Dicho consenso se realizó por un total de 15 doctores. Estando representadas las áreas de iniciación deportiva, entrenamiento deportivo, metodología de investigación, psicología deportiva y patinaje artístico. Dichas aportaciones llevaron a otra modificación del cuestionario, dotándole de un mejor lenguaje y una mayor plasticidad y claridad de contenidos a la hora de rellenarlo.
- Terminada la fase anterior, se realizó la **validación por fiabilidad**. Para detectar la fiabilidad del cuestionario, se procedió a la administración del mismo dos veces, a varios deportistas, con 15 días de diferencia temporal entre una prueba y otra. Dicha fiabilidad se realizó a dos grupos diferentes; por un lado, a un grupo de 7 deportistas que pertenecían a la población de estudio pero que no estaban incluidos en la muestra. Por otro lado,

a un grupo de 12 deportistas que pertenecían a la población y a la muestra. En este caso, la diferencia temporal fue de 10 días.

4. TOMA DE DATOS

La explicación del procedimiento para la toma de datos, se estructura en varios apartados que atienden a su criterio cronológico y temporal:

a. Pasos previos

Previo al Campeonato del Mundo de Patinaje Artístico y con antelación suficiente, se contactó con la Real Federación Española de Patinaje (R.F.E.P.). El presidente de la organización del Campeonato del Mundo de Patinaje Artístico fue informado del proyecto que se pretendía llevar a cabo en una reunión informativa, en la que otorgó su visto bueno para poder llevar a cabo la investigación descrita. A su vez, se remitió una carta a las federaciones de patinaje que participaban en el Campeonato del Mundo, solicitando su colaboración en el campeonato para poder llevar a cabo la presente investigación (Anexo I).

Días previos a la competición, se estableció contacto con el comité organizador del campeonato, para obtener información del número de deportistas inscriptos, número de países participantes, calendario de pruebas, modificaciones de última hora en el calendario, organigramas, procedimientos, etc. Dicha información se obtuvo a través de conversación telefónica y de la página web oficial del campeonato.

El mismo día en el que se iniciaba la competición, se realizó una pequeña entrevista con el Director de Competición del Campeonato, el cual ya estaba en antecedentes. Allí se le explicó los objetivos y el procedimiento que se pretendía seguir para llevar a cabo la investigación, así como la posibilidad de realizar la investigación sin mermar el desarrollo de la competición.

En la reunión inicial del campeonato, el director de competición nos otorgó la palabra para comunicar a los entrenadores de las diferentes selecciones del campeonato, la realización de la presente investigación. Allí se explicaron los objetivos y cómo estaba prevista la toma de datos. Todas las selecciones accedieron gratamente a participar en el estudio firmando un consentimiento informado por parte del responsable de la selección (Anexo II). Esta primera toma de contacto fue de carácter general, ya que después se fueron realizando reuniones informales con cada uno de los entrenadores y delegados de las diferentes selecciones, para fijar la hora y el lugar en el que se pasaría el cuestionario a sus deportistas. Para dicho registro se utilizó una hoja de seguimiento y control (Anexo III).

b. Toma de datos

La toma de datos se realizó entre los días 27 de noviembre y 10 de diciembre de 2006, fechas en las que se realizaba el Campeonato del Mundo de Patinaje Artístico 2006. El cuestionario fue administrado al 100% de los países participantes y al 100% de los deportistas que participaban en él.

La administración del cuestionario se realizó de dos formas diferentes, por un lado en un aula anexo al pabellón de competición, en ella se encontraban suficientes sillas con mesa abatible para facilitar la escritura. Por otro lado, se distribuyeron los cuestionarios por selecciones y en su tiempo libre o en el hotel donde estaban alojados los deportistas, cumplimentaban el cuestionario. El cuestionario se fue realizando por grupos (países participantes), sin superar nunca el número de 30 deportistas al mismo tiempo.

Ilustración 11. Deportistas de patinaje artístico cubriendo el cuestionario de la investigación en su descanso durante la competición.

El procedimiento a la hora de la toma de datos se realizaba de la siguiente forma. Una vez sentados los deportistas en el lugar pertinente, se realizaba una presentación formal, donde se indicaba el nombre del investigador, los objetivos que se pretendían con la investigación, el acuerdo entre la universidad y la federación, y la necesidad de obtener, por su parte, la mayor sinceridad en las respuestas, así como las ventajas de investigar en este deporte, tanto para ellos como para la federación. Una vez finalizada la presentación, se distribuían los cuestionarios a los deportistas, que procedían a contestarlos. Durante el desarrollo de la toma de datos, los deportistas podían realizar las preguntas pertinentes para solucionar sus dudas. El tiempo medio de duración para el desarrollo del cuestionario fue de ±30 minutos.

c. Codificación y registro de datos

La introducción de datos se realizó a través de una plantilla diseñada, para tal fin, con el programa Excel del paquete informático Microsoft Office 2003 del entorno Windows XP Profesional, codificando y categorizando cada una de las variables. Dicha introducción se llevó a cabo durante los meses de enero, febrero, marzo y abril. Una vez introducidos los datos, se realizaba una revisión de los mismos de forma aleatoria y de la siguiente manera: durante los días siguientes a la finalización de la introducción de datos, se escogían cuatro o cinco cuestionarios al azar y se comprobaba si se habían cometido errores en la trascripción al ordenador. En total se revisaron de forma aleatoria un total de 32 cuestionarios (22,54% del total).

d. Depuración de los datos

Una vez finalizada la introducción de los datos se procedió a la depuración de los mismos. Ésta se realizó principalmente recodificando variables y generando nuevas por la combinación de otras. También se actualizaron datos erróneos detectados en algunos ítems, que habían sido encontrados en la codificación de los datos.

5. MATERIAL

El principal material para la toma de datos fue un cuestionario elaborado para la ocasión (Anexo IV), el cual contenía un total de 63 preguntas específicas (20 abiertas y 43 cerradas). Por motivos de acceso y comprensión de la muestra, éste se tradujo al inglés (Anexo V) y al italiano (Anexo VI), además del castellano. A su vez, las preguntas cerradas disponían de, según los casos, otras preguntas afines al contenido de la pregunta principal o una opción ("otros") para aclarar o completar la respuesta.

En el cuestionario se pueden apreciar varios bloques de preguntas relacionadas con el entorno y las características de los deportistas.

Tabla 8. Tipo de preguntas del cuestionario en función de los diferentes bloques.

Preguntas	Control	Inicio	Entreno	Éxitos	Lesiones	Familia	Trabajo
Cerradas	1 2,33%	6 13,95%	16 37,21%	4 9,30%	2 4,65%	6 13,95%	8 18,60%
Abiertas	8 40,00%	3 15,00%	6 30,00%	1 5,00%	2 10,00%	0 0,00%	0 0,00%
Total	9 14,29%	9 14,29%	22 34,92%	5 7,94%	4 6,35%	6 9,52%	8 12,70%

Leyenda: *(Control) preguntas control, (Inicio) preguntas sobre la iniciación deportiva, (Entreno) preguntas sobre el entrenamiento deportivo, (Éxitos) preguntas sobre los éxitos deportivos, (Lesiones) preguntas sobre las lesiones del deportista, (Familia) preguntas sobre aspectos familiares, (Trabajo) preguntas sobre la ocupación y formación del deportista.*

En el **primer apartado** se encontraban las preguntas de control, las cuales se referían a la comunidad que representaban, el género del deportista, su edad, su peso y su altura, así como el lugar de nacimiento y su residencia habitual. Éstas eran un total de 9, de ellas 8 eran de carácter abierto y 1 de carácter cerrado.

El **segundo bloque** de ítems estaba referido a la iniciación deportiva, e incluía un total de 9 preguntas (3 abiertas y 6 cerradas). A su vez, este bloque se subdivide en tres apartados:

a) En el primero se indagaba sobre la edad de inicio en patinaje y en el patinaje artístico en particular, así como sus motivaciones para realizar este deporte.

b) Las preguntas del segundo bloque se referían a la institución donde se inició al patinaje artístico, así como a los entrenadores que tuvieron a lo largo de su trayectoria deportiva y la titulación de los mismos.

c) Finalmente, se preguntaba sobre la realización de pruebas o test de aptitud deportiva en sus inicios como deportistas, y de ser así, que tipo de pruebas y quien las realizaba.

El **tercer bloque** de preguntas se basa en las características específicas del entrenamiento. Se utilizaron un total de 22 preguntas, 6 fueron de carácter abierto y 16 de carácter cerrado. Como ocurría en el segundo bloque, los ítems aquí formulados se referían a varios aspectos:

a) En un primer lugar, se indagaba sobre el volumen de entrenamiento de los deportistas y las instalaciones en las que entrenan.

b) En un segundo bloque, se les preguntaba por la forma de entrenar (sólo o en grupo) y por las pruebas que entrenan así como por su especialidad.

c) El tercer bloque analizaba los tipos de entrenamiento que realizan los deportistas, así como el trabajo de fuerza específica.

d) El siguiente bloque, indagaba sobre las diferentes pruebas para valorar la progresión del entrenamiento y el seguimiento médico del deportista, así como la valoración de diferentes aspectos de su entrenamiento habitual.

e) El último bloque estaba referido a aspectos externos del entrenamiento, que iban desde el tiempo empleado en desplazarse para entrenar, la práctica de otros deportes, las cuotas que se pagan por entrenar y las motivaciones existentes que tienen los deportistas para practicar este deporte.

El **cuarto bloque** se centra sobre los éxitos deportivos conseguidos hasta la actualidad. En este bloque se realizan 5 preguntas, 4 de ellas fueron cerradas y 1 abierta. Aquí los ítems estaban referenciados al número de participación y medallas conseguidas en los diferentes campeonatos, tanto a nivel nacional, como a nivel continental o mundial. Finalmente, se le preguntaba por las expectativas de éxito en el Campeonato del Mundo actual y las expectativas de su vida deportiva.

El **quinto bloque** está relacionado con el bloque anterior e indaga sobre las lesiones que los deportistas tuvieron a lo largo de su carrera deportiva, tanto en su vida cotidiana como deportiva. También se pregunta sobre la utilización de la licencia federativa de salvamento. Se realizan un total de 4 preguntas, 2 fueron de carácter cerrado y 2 de carácter abierto.

El **sexto bloque** se centra en características del entorno familiar. Este apartado tiene un total de 6 preguntas, todas ellas de carácter cerrado. Los ítems están referidos al número de hermanos, así como la práctica deportiva de éstos y de sus progenitores. También se indaga sobre sus amigos y la valoración de éstos.

Finalmente, nos encontramos con un **último bloque** referido a la ocupación y formación de los deportistas. Aquí se plantean un total de 8 preguntas, todas ellas de carácter cerrado, pero con posibilidad de aclaración abierta. En ellas se preguntan por los estudios que realizan, que desean realizar y la formación específica que poseen en patinaje artístico.

6. ESTADÍSTICA

El análisis estadístico de los datos se realizó con el paquete informático SPSS 15.0 en el entorno Windows XP Profesional, llevándose a cabo un análisis descriptivo de los datos (frecuencias, absolutas, medias, porcentajes, desviaciones,...).

RESULTADOS Y DISCUSIÓN

RESULTADOS Y DISCUSIÓN

En los siguientes capítulos se relacionarán los diferentes resultados encontrados tras el análisis de los cuestionarios planteados (Anexos IV, V, VI). No sólo se presentarán éstos como documentación, sino que se comentará algún matiz sobre la revisión bibliográfica planteada anteriormente.

Como hemos visto en el apartado de metodología, los resultados obtenidos, y así presentados en los siguientes capítulos, son frecuencias y porcentajes de respuesta, es decir, un estudio descriptivo. Como sabemos, este tipo de estudios son imprescindibles para conocer el deporte, en este caso, el patinaje artístico. El lector podrá profundizar en los numerosos datos que se muestran en este estudio y llevará a su realidad, la observación sobre los mismos, teniendo una idea de, a modo general, lo que se realiza de forma mayoritaria.

Aunque los datos se pueden depurar y analizar de múltiples formas (categorías, modalidades, experiencia, género, país, etc.), en esta ocasión se tendrá en cuenta principalmente el género del deportista, ya que el objetivo fundamental de este proyecto es conocer las características de formación del patinador. De este modo, podemos comparar los resultados de las opiniones de los patinadores con las patinadoras. Así bien, también se muestran los datos de forma genérica (todos los deportistas, hombres y mujeres), atendiendo a la variable que se esté tratando.

Como hemos visto en la fundamentación de los diferentes factores que intervienen en el proceso de formación deportiva y para una mejor comprensión de los datos que presentamos a continuación, se ha organizado la información en función de los apartados abordados teóricamente:

a) Inicios en la práctica deportiva. En este apartado se abordan los factores relacionados con los inicios a la práctica deportiva, tales como la edad de inicio, el lugar en el cual se produce la iniciación deportiva, el número y la formación de los entrenadores que el deportista ha tenido en esta fase, así como las motivos que llevaron al deportista a practicar este deporte en los inicios de su carrera deportiva.

b) Entorno del entrenamiento. En este apartado podemos analizar los diferentes aspectos que tienen que ver con el entorno del entrenamiento. Aquí, apreciaremos dos grandes bloques de información; por un lado, aquellos aspectos que tienen que ver con el entrenamiento que realiza el deportista (volumen, condiciones personales de entrenamiento, disciplinas practicadas, etc.) y, por otro lado, aquellos aspectos que condicionan el entrenamiento del deportista (tipo de entrenamiento, instalaciones y material específico, etc.) que, en definitiva, van a condicionar la calidad del mismo.

c) Motivos de práctica deportiva. En este apartado se aborda factores relacionados principalmente con las motivaciones que los deportistas presentan a la hora de practicar este deporte. Por otro lado, se analizan las expectativas que se plantearon en sus inicios, así como los éxitos deportivos que se van logrando con el paso de los años hasta la actualidad.

d) Características del entorno del deportista. En este apartado se abordan los factores relacionados con las características que rodean al deportista en su vida cotidiana. Así, se analizan variables que giran en torno al deportista en las etapas de formación: Los padres, los entrenadores, los compañeros de entrenamiento, las amistades y la formación y/o su titulación.

INICIOS EN LA PRÁCTICA DEPORTIVA

1. EDAD DE INICIO

Cuando analizamos la edad de inicio de los deportistas (Tabla 9), podemos observar como las chicas comienzan la práctica del patinaje y del patinaje artístico antes que los chicos. Del mismo modo, también apreciamos como existe una diferencia temporal muy pequeña en relación a inicio del patinaje y a la especialización en la modalidad artística. Al igual que otros deportes como la gimnasia rítmica el patinaje artístico comienza su especialización muy temprano.

Tabla 9. Edad de inicio en el patinaje y en el patinaje artístico.

Género	Inicio Patinaje	Inicio Patinaje Artístico	Diferencia
Femenino	5.52± 2.44	6.24± 2.65	0.74± 1.43
Masculino	6.61± 3.22	7.81± 3.75	1.11± 1.63
Total	5.74± 2.64	6.55± 2.88	0.81± 1.47

Leyenda: *(Inicio Patinaje.) Edad de inicio en patinaje. (Inicio Patinaje Artístico). Edad de inicio en Patinaje Artístico. (Diferencia) Diferencia de años entre el inicio en patinaje y patinaje artístico.*

2. LUGAR DE INICIACIÓN DEPORTIVA

Los inicios deportivos vienen marcados por el lugar en el que si inicia la práctica deportiva. Aquí nos encontramos que mayoritariamente los inicios vienen de la mano de un club deportivo (Tabla 10), siendo así en los dos géneros analizados. En segundo lugar, y en porcentaje ya muy bajo, la iniciación de los deportistas se realiza en el colegio y en la escuela deportiva municipal.

Tabla 10. Lugar (institución) en el que se inician en la práctica del patinaje artístico.

Género		Colegio	Club	Escuela	Otras	N/C
Femenino	n	9	87	9	3	3
	%	8.11%	78.38%	8.11%	2.70%	2.70%
Masculino	n	2	19	2	1	2
	%	7.69%	73.08%	7.69%	3.85%	7.69%
Total	n	11	106	11	4	5
	%	8.03%	77.37%	8.03%	2.92%	3.65%

Leyenda: *(Colegio) Club escolar y/o colegio. (Club) Club deportivo federado. (Escuela) Escuela deportiva municipal. (Otras) Otras instituciones diferentes a las citadas. (N/C) No sé / No recuerdo.*

Estos datos son muy parecidos cuando los analizamos atendiendo al género de la muestra. Lo que nos da a entender que la especialización, además de ser temprana, se realiza en un centro especializado en la competición. Pues tanto el colegio, como la escuela deportiva municipal, en principio, priman unos objetivos diferentes a los del club deportivo, que se suponen de aprendizaje y dominio de habilidades como el patín.

3. MONITOR – ENTRENADOR

Los datos encontrados hasta ahora en relación a los inicios deportivos, justifican la formación de los entrenadores que orientan su actividad deportiva. Así, observamos (Tabla 11) un alto porcentaje de entrenadores superiores frente a otras titulaciones de menor índole (monitor y/o entrenador auxiliar) o más genéricas como la diplomatura o licenciatura en educación física.

Entre las titulaciones federativas la formación mayoritaria es, como habíamos comentado, la de entrenador superior (30,16%), seguido del monitor de patinaje (20,63%) y del entrenador auxiliar 3,17%). Aspecto que resulta contradictorio en la iniciación deportiva, ya que en sus primeros años de actividad deportiva deberían abundar los monitores, posteriormente los entrenadores auxiliares y con menor porcentaje los entrenadores superiores. También resulta alarmante que un 15,08% de los responsables en los inicios deportivos no tuviesen formación alguna. Destacamos que un 21,43% no tiene conociendo del grado de formación de sus responsables en sus inicios deportivos.

Tabla 11. Titulación del entrenador en los inicios de la práctica deportiva.

Género	S.T.	M.P.	E.A	E.S	Dipl.	Lcdo.	N/C	Otros
Femenino	13 / 13.40%	22 / 22.68%	3 / 3.09%	30 / 30.93%	0 / 0.00%	6 / 6.19%	20 / 20.62%	3 / 3.09%
Masculino	6 / 18.75%	4 / 12.50%	1 / 3.13%	8 / 25.00%	3 / 9.38%	1 / 3.13%	7 / 21.88%	2 / 6.25%
Total	19 / 15.08%	26 / 20.63%	4 / 3.17%	38 / 30.16%	0 / 0.00%	7 / 5.56%	27 / 21.43%	5 / 3.97%

Leyenda: *(S.T.) Sin titulación. (M.P.) Monitor de patinaje. (E.A.) Entrenador auxiliar de patinaje. (E.S.) Entrenador superior de patinaje. (Dipl.) Diplomado en Educación Física. (Lcdo.) Licenciado en Educación Física. (N/C) No sé / No recuerdo. (Otros) Otras titulaciones.*

Si analizamos la tabla en función del género de los deportistas, vemos que en el ámbito femenino se encuentra mayor porcentaje de entrenadores superiores (30,93% frente al 25,00% que presentan los hombres). Sin embargo cabe destacar que las chicas, presentan mayor porcentaje de formación en monitores de patinaje (22,68%) que los chicos, lo que nos lleva a observar que es mucho menor el número de responsables que no tienen formación en sus inicios deportivos.

En relación a la formación reglada, el sector femenino presenta un mayor porcentaje de licenciados que los hombres. Este dato se vuelve inverso si analizamos los diplomados en educación física que están presentes en sus inicios deportivos.

4. PRUEBAS MÉDICAS

Estudiando ya el alto rendimiento de los deportistas, se analiza el seguimiento médico que éstos realizan, para determinar patologías o anomalías que puedan inducir en la práctica deportiva. Así, nos encontramos con una tercera parte (32,09%) de ellos que afirman no realizar un seguimiento médico durante la temporada.

Tabla 12. Seguimiento médico de los deportistas.

Género	Casos	No	Sí
Femenino	n	30	78
	%	27.78%	72.22%
Masculino	n	13	13
	%	50.00%	50.00%
Total	n	43	91
	%	32.09%	67.91%

Leyenda: *(No) No realiza seguimiento médico regular, (Sí) Realiza seguimiento médico regular.*

En relación al género (Tabla 12) uno de cada dos hombres presenta afirma no realizar un seguimiento médico. Son, por el contrario, casi tres de cada cuatro mujeres las que lo realizan a lo largo de la temporada.

Ahora bien, este control debería de realizarse como mínimo en dos ocasiones, al inicio y al final, siendo lo más acertado también un tercer valor durante la temporada. Como vemos (Tabla 13), principalmente, este control médico se realiza durante la temporada (49,04%), seguido de un control al inicio de temporada (33,65%). Resulta curioso ver el bajo porcentaje de deportistas que se someten a este control al final de temporada, reduciendo su carga de entrenamiento y pasando a las vacaciones directamente, hasta que se reanude la nueva temporada de competición.

Tabla 13. Cuando se realiza el seguimiento médico de deportista.

Género	Casos	Inicio	Durante	Final	Esporádica
Femenino	n	29	44	4	7
	%	34.52%	52.38%	4.76%	8.33%
Masculino	n	6	7	4	3
	%	30.00%	35.00%	20.00%	15.00%
Total	n	35	51	8	10
	%	33.65%	49.04%	7.69%	9.62%

Leyenda: *(Inicio) Inicio de la temporada, (Durante) Durante la temporada, (Final) Final de la temporada, (Esporádica) Esporádicamente a lo largo del año.*

Este tipo de control médico es realizado mayoritariamente por otros motivos ajenos a su voluntad o a la del club de pertenencia. Generalmente, éstos vienen condicionados por alguna enfermedad, por prescripción médica o por parte de la selección autonómica o nacional. Destacar que los clubes deportivos deberían de propiciar este control médico ayudado por las mutuas deportivas, las licencias y los seguros deportivos.

Tabla 14. Qué motivo lleva a realizar el seguimiento médico.

Género	Casos	Voluntad	Club	Otros
Femenino	n	11	21	37
	%	15.94%	30.43%	53.62%
Masculino	n	5	5	3
	%	38.46%	38.46%	23.08%
Total	n	16	26	40
	%	19.51%	31.71%	48.78%

Leyenda: (Voluntad) Por voluntad propia, (Club) Por recomendación del club que pertenezco, (Otros) Otros motivos.

Ilustración 12. Todos los deportistas deberían realizar un seguimiento y una valoración de su entrenamiento, para controlar el nivel de mejora y no sólo a nivel físico-deportivo.

Estos datos se ven fundamentados por la importancia que le dan los deportistas a este control médico. Así, el 80,39% de ellos los considera imprescindibles para obtener unos buenos resultados en su disciplina. Si bien, nos encontramos con grandes contradicciones, como deportistas que no realizan este tipo de control o que éste es precario. Observemos (Tabla 15) que el mayor porcentaje de deportistas manifiestan que sus seguimientos médicos son regulares, siendo sólo el 21,62% los deportistas que opinan que son correctos.

Tabla 15. Valoración del seguimiento médico en el entrenamiento (n = 111). Imprescindible (n = 103).

Género	Casos	Bien	Regular	Mal	No hay	Impres.
Femenino	n	21	38	5	22	65
	%	24.42%	44.19%	5.81%	25.58%	83.33%
Masculino	n	3	9	3	10	18
	%	12.00%	36.00%	12.00%	40.00%	72.00%
Total	n	24	47	8	32	82
	%	21.62%	42.34%	7.21%	28.83%	80.39%

Leyenda: (Bien) Valoración de bien, (Regular) Valoración de regular, (Mal) Valoración de mal, (No hay) No tengo entrenador, (Impres.) Es imprescindible para los entrenamientos.

En relación al género, el 74,42% realizan un seguimiento médico, porcentaje mayor que los hombres (60,00%) y, además, le otorgan una mayor importancia que éstos (83,33%). Destacamos también que ellas manifiestan una mejor valoración de los controles que los hombres.

5. TEST DE SELECCIÓN

Para una buena orientación inicial hacia la práctica deportiva, sobre todo cuando nos estamos refiriendo a deportistas de alto nivel, es deseable valorar su adecuación a este deporte. Como podemos apreciar (Tabla 16) en el 72,34% de los casos no se realizó ningún tipo de test o valoración para orientar al deportista a escoger este deporte.

Tabla 16. Realización de pruebas o test para valorar las posibilidades de deportista.

Género	Casos	No	Sí
Femenino	n	79	34
	%	69.91%	30.09%
Masculino	n	23	5
	%	82.14%	17.86%
Total	n	102	39
	%	72.34%	27.66%

Leyenda: (No) No realizan ningún tipo de prueba. (Sí) Realizan algún tipo de prueba.

Si analizamos los datos en función del género podemos ver que son similares, en cuanto a la proporción de realizar o no test de valoración. Sin embargo, notamos un mayor porcentaje de chicas que realizaron en sus inicios test para determinar la adecuación de sus características a la práctica del patinaje artístico.

De entre las pruebas realizadas para la elección de la modalidad deportiva, debemos destacar dos grandes grupos: las realizadas en el laboratorio y las realizadas en la pista de entrenamiento. Las primeras suelen ser más "aisladas" de la modalidad deportiva, como pruebas de esfuerzo, lactato, determinación de características fisiológicas, etc. y, las segundas, más adecuadas a la modalidad deportiva como pruebas de velocidad, fuerza, técnica, etc. Es destacable que el mayor porcentaje se sitúe en las pruebas de laboratorio (62,50%), pues suponen tener una infraestructura adecuada y, generalmente, unos mayores recursos económicos, temporales y humanos para su realización. Por el contrario las pruebas de pista no tienen estos condicionantes.

Tabla 17. Tipo de pruebas que se realizan en los inicios deportivos.

Género	Casos	Laboratorio	Pista	Otras
Femenino	n	28	7	6
	%	68.29%	17.07%	14.63%
Masculino	n	2	5	0
	%	28.57%	71.43%	0.00%
Total	n	30	12	6
	%	62.50%	25.00%	12.50%

Leyenda: *(Laboratorio) Pruebas de laboratorio: bicicleta, tapiz, etc. (Pista) Pruebas en la pista de patinaje: test de velocidad, resistencia, fuerza, etc. (Otras) Otro tipo de pruebas.*

Si analizamos los datos atendiendo al género, encontramos como se invierten los porcentajes. Así, los chicos presentan en el 71,43% que los test que realizaron fueron en la pista de patinaje. Datos contrarios a los que presentan las chicas (17,07%), que manifiestan un mayor porcentaje en los test de laboratorio.

Como señalábamos anteriormente los recursos que suponen los test de laboratorio (que en este estudio presentan un porcentaje mayor), hemos analizado quien los llevaba a cabo. Así, podemos ver (Tabla 18) que son los clubes deportivos los que, como era de esperar, realizan los test de forma mayoritaria. Hay que destacar que en un 11,63% de los casos es el propio deportista quien asume el hacerse tipos de test para conocer sus características, porcentaje idéntico a los deportistas que se sometieron a test de valoración cuando estaban convocados con su selección nacional.

Ilustración 13. Las pruebas de control en pista ofrecen un menor coste económico y una mayor facilidad por parte de los deportistas y entrenadores.

Podemos ver como, en relación a las mujeres (Tabla 18), es en los clubes deportivos (71,43%) donde realizan las pruebas de valoración, mientras que el mayor porcentaje en los hombres (37,50%) atiende al criterio de convocatoria en su selección nacional.

Tabla 18. Quien realiza las pruebas de valoración en los inicios deportivos.

Género	Casos	Yo	Club Otro	Club Pat.	S. Auto.	S. Nac.	Otras
Femenino	n	4	1	25	1	2	2
	%	11.43%	2.86%	71.43%	2.86%	5.71%	5.71%
Masculino	n	1	1	2	1	3	0
	%	12.50%	12.50%	25.00%	12.50%	37.50%	0.00%
Total	n	5	2	27	2	5	2
	%	11.63%	4.65%	62.79%	4.65%	11.63%	4.65%

Leyenda: *(Yo) Yo por iniciativa propia. (Club Otro) Club deportivo de otro deporte. (Club Pat.) Club de patinaje artístico al que pertenezco. (S. Auto.) Con la selección autonómica. (S. Nac.) Con la selección nacional. (Otras) Otras posibilidades.*

6. GRADO DE ESPECIALIZACIÓN

Este deporte y sus disciplinas exigen un alto grado de especialización, lo que hace que aunque todos los deportistas participan en el campeonato del mundo, cada uno de ellos lo hace en una o varias especialidades afines. Así, vemos (Tabla 31) el porcentaje de deportistas que practican las diferentes modalidades en el campeonato del mundo. Tres de ellas manifiestan porcentajes en torno al 21%, figuras obligatorias, libre y show.

Tabla 19. Entrenamiento de los deportistas en pruebas específicas.

Género	F.O.	Libre	Comb.	P. Art.	P. D.	Pre.	Línea	Show
Femenino	29 20.57%	23 16.31%	13 9.22%	5 3.55%	3 2.13%	30 21.28%	1 0.71%	37 26.24%
Masculino	11 27.50%	15 37.50%	4 10.00%	3 7.50%	4 10.00%	2 5.00%	1 2.50%	0 0.00%
Total	40 22.10%	38 20.99%	17 9.39%	8 4.42%	7 3.87%	32 17.68%	2 1.10%	37 20.44%

Leyenda: *(F.O.) Figuras Obligatorias, (Libre) Libre, (Comb.) Combinado, (P. Art.) Parejas Artístico, (P.D.) Parejas Danza, (Pre.) Precisión, (Línea) Patinaje en línea, (Show) Show.*

Si analizamos su entrenamiento en función del género, cabe destacar que el 100% de los deportistas que entrenan show son mujeres. En relación al entrenamiento de la modalidad de libre, existe un mayor porcentaje de hombres que de mujeres, al igual que en figuras obligatorias, por el contrario la modalidad de precisión muestra resultados inversos, con mayor presencia de mujeres en la competición.

¿De los deportistas que entrenan cuántos se consideran especialistas? Evidentemente, el entrenamiento, las gestoformas y la automatización de técnicas, fomentan la especialización del deportista en una determinada disciplina, después de dominar los fundamentos básicos. En relación a los datos del entrenamiento éstos deberían disminuir al analizar la especialización. De hecho, es así en cuanto a números generales (147 respuestas frente a las 181 del apartado de entrenamiento), sin embargo, los porcentajes muestran una mayor especialización de los deportistas para las modalidades de precisión, libre, show y figuras obligatorias.

Tabla 20. Especialidad de los deportistas en pruebas específicas.

Género	F.O.	Libre	Comb.	P. Art.	P. D.	Pre.	Línea	Show
Fem	15 14.29%	14 13.33%	5 4.76%	5 4.76%	4 3.81%	31 29.52%	1 0.95%	30 28.57%
Masc	9 21.43%	16 38.10%	7 16.67%	4 9.52%	4 9.52%	2 4.76%	0 0.00%	0 0.00%
Total	24 16.33%	30 20.41%	12 8.16%	9 6.12%	8 5.44%	33 22.45%	1 0.68%	30 20.41%

Leyenda: *(F.O.) Figuras Obligatorias, (Libre) Libre, (Comb.) Combinado, (P. Art.) Parejas Artístico, (P.D.) Parejas Danza, (Pre.) Precisión, (Línea) Patinaje en línea, (Show) Show.*

Podemos entender, por los datos hallados en la especialización, que existe una menor competitividad en las modalidades de línea, parejas danza, parejas artístico y combinado. Esta menor especialización se puede deber a la propia disciplina o al sistema o modalidad de competición.

Ilustración 14. Dentro del patinaje, los deportistas se especializan en una determinada modalidad.

ENTORNO DEL ENTRENAMIENTO

1. CONDICIONES DE ENTRENAMIENTO

De los deportistas que participan en el campeonato del mundo de patinaje artístico el 88,06% tienen que pagar una cuota para poder entrenar. Estos datos no propician una situación favorable al entrenamiento, ya que son deportistas de nivel internacional y que, a priori, suponen una publicidad o imagen a nivel internacional. Lamentablemente, a pesar del reconocimiento internacional y de, por sus resultados, tener muchos de estos deportistas la categoría de élite, no se facilita una práctica, reduciendo o becando los costes del entrenamiento. Es curioso el dato de que, a nivel masculino, éstos presentan un mayor porcentaje (37,04%) que las mujeres (6,61%) en la ausencia de pago por la práctica de su deporte.

Tabla 21. Deportistas que pagan por entrenar patinaje artístico.

Género	Casos	No	Sí
Femenino	n	6	101
	%	5.61%	94.39%
Masculino	n	10	17
	%	37.04%	62.96%
Total	n	16	118
	%	11.94%	88.06%

Leyenda: (No) No paga por entrenar patinaje artístico, (Sí) Paga por entrenar patinaje artístico.

Además del aspecto económico que lleva asociada la práctica de la modalidad deportiva en patinaje, nos encontramos con otros gastos que, además de cuantificarse económicamente, se atribuyen a la ausencia del tiempo libre del deportista. Así, éstos emplean casi una hora (51.64min±53.53) para ir y volver a sus instalaciones los días de entrenamiento. Los datos obtenidos son similares en cuanto al género.

Para una mayor concreción, apreciamos que los desplazamientos a los lugares de entrenamiento se realizan principalmente en vehículo propio (Tabla 22). Se puede atribuir estos datos a la comodidad del deportista y al rimo de vida diario, donde la población se desplaza en la mayoría de los casos en su coche particular. Estos desplazamientos, además de lo comentado, también se pueden entender como un gasto más a la hora de la práctica deportiva que, evidentemente, debe tenerse en cuenta. Como sabemos, la proximidad de las instalaciones deportivas propicia la práctica del deporte, por lo que conocer los desplazamientos y su forma, ayuda a ubicar las características que presenta el entorno del deportista. La utilización del transporte público o la realización del trayecto a pie presentan valores muy bajos.

Tabla 22. Tipo de desplazamiento para ir al entrenamiento.

Género	Casos	A Pie	Autobús	Vehíc. P.	Vehíc. A.
Femenino	n	3	13	83	8
	%	2.80%	12.15%	77.57%	7.48%
Masculino	n	4	4	19	1
	%	14.29%	14.29%	67.86%	3.57%
Total	n	7	17	102	9
	%	5.19%	12.59%	75.56%	6.67%

Leyenda: *(A pie) Andando, (Autobús) En autobús, (Vehíc.P.) Vehículo propio o familiar, (Vehíc.A.) Vehículo ajeno.*

2. DEPORTES PRACTICADOS

Tal y como se espera de un deportista que compite al máximo nivel nos encontramos con datos (Tabla 23 y Tabla 24) donde apreciamos el entrenamiento mayoritario de este deporte. Son muy pocos (17,83%) los que además de patinaje artístico practican otros deportes, afines o no a éste. De entre los deportistas que simultanean deporte, el 86,96% de ellos dedica su mayor tiempo de práctica al patinaje artístico, por lo que se puede considerar como hobby la otra actividad deportiva.

Tabla 23. Práctica de otros deportes además del patinaje artístico.

Género	Casos	No	Sí
Femenino	n	88	16
	%	84.62%	15.38%
Masculino	n	18	7
	%	72.00%	28.00%
Total	n	106	23
	%	82.17%	17.83%

Leyenda: *(No) Sólo practica patinaje artístico, (Sí) Practica, además, otros deportes.*

Tabla 24. Dedicación temporal mayoritaria en entrenamiento.

Género	Casos		Patinaje	Otro
Femenino	n		14	2
	%		87.50%	12.50%
Masculino	n		6	1
	%		85.71%	14.29%
Total	n		20	3
	%		86.96%	13.04%

Leyenda: *(Patinaje) Patinaje artístico, (Otro) Otras prácticas deportivas.*

3. TEST DE CONTROL DEL ENTRENAMIENTO

Ilustración 15. La propia competición sirve de test para valorar el rendimiento de los deportistas.

Una de las características que tiene que tener un entrenamiento, además de su planificación y ejecución es su control, que nos ayudará a determinar si éste es adecuado o no, pues nos indicará las mejoras en los deportistas. A este respecto es alarmante el dato que nos encontramos, donde solamente el 16,54% de los deportistas manifiestan realizarse test u otro tipo de pruebas para controlar su evolución y rendimiento. Este dato es muy pequeño al hablar de deportistas que están participando en un campeonato del mundo, sin embargo coincide con otros deportes de los denominados minoritarios, aun no teniendo la relevancia que el patinaje artístico tiene.

Tal y como era de suponer, de los pocos deportistas que realizan este control, mayoritariamente lo hacen a través de pruebas en pista (test de velocidad, resistencia, etc.) que, económicamente y por recursos humanos resulta más adecuado. Un 29,03% realiza un control a través de pruebas en laboratorio y otros (16,13%) manifiestan que su control se realiza de otro modo. La forma más usual en estos casos suele ser a través de las diferentes competiciones que se van realizando.

Tabla 25. Control del entrenamiento (n = 133) y tipo de pruebas para valorar la progresión del entrenamiento (n = 22).

Género	Casos	Control	Laboratorio	Pista	Otras
Femenino	n	11	3	7	2
	%	10.38%	25.00%	58.33%	16.67%
Masculino	n	11	6	10	3
	%	40.74%	31.58%	52.63%	15.79%
Total	n	22	9	17	5
	%	16.54%	29.03%	54.84%	16.13%

Leyenda: *(Control) De todos los deportistas(n = 133), aquellos que realizan algún tipo de prueba para valorar la progresión en el entrenamiento, (Laboratorio) De los deportistas que realizan algún control del entrenamiento (n = 22), aquellos que lo hacen mediante pruebas de laboratorio, (Pista) De los deportistas que realizan algún control del entrenamiento (n = 22), aquellos que lo hacen mediante pruebas en la pista, (Otras) Diferentes pruebas a las mencionadas para realizar la valoración del entrenamiento.*

Profundizando más en este control del entrenamiento observamos (Tabla 26) que casi la mayoría de ellos lo realiza bimestralmente, y trimestralmente como segunda opción, siendo menores los casos donde el seguimiento es menor o mayor en el tiempo. En relación al género los porcentajes son en los dos principales apartados.

Tabla 26. Frecuencia con la que se realizan pruebas para valorar la progresión del entrenamiento (n = 21).

Género	Casos	- Mes	Trimestre	Año	Bimestre	Semestre
Femenino	n	2	3	1	4	0
	%	20.00%	30.00%	10.00%	40.00%	0.00%
Masculino	n	0	4	0	6	1
	%	0.00%	36.36%	0.00%	54.55%	9.09%
Total	n	2	7	1	10	1
	%	9.52%	33.33%	4.76%	47.62%	4.76%

Leyenda: *(- Mes) Una vez al mes o menos, (Trimestre.) Una vez cada tres meses, (Año) Una vez al año, (Bimestre) Una vez cada dos meses, (Semestre) Una vez cada seis meses.*

4. VOLUMEN DE ENTRENAMIENTO

Determinar el volumen de entrenamiento de un deportista siempre resulta problemático al no poder controlar todos los factores que influyen en el mismo. En este caso, hemos cuantificado los minutos de entrenamiento que tiene una sesión media de entreno. También determinamos el número de sesiones que se realizan a la semana y los meses de entrenamiento al año. En relación a estos criterios podemos sacar un volumen de tiempo que el deportista realiza este deporte.

Como podemos apreciar (Tabla 27) los deportistas llevan practicando patinaje artístico más de 13 años, con una dedicación media superior a los 11 meses por año. Entrenan cuatro días por semana en sesión única, siendo ésta aproximadamente de dos horas y media. Este dato puede resultar curioso ante la imagen juvenil que existe de estos deportistas. Si bien, hay que tener en cuenta la prematura iniciación y especialización en el deporte (Tabla 9) que sumada a los años de entrenamiento, marcan una edad entre los 20 y 21 años de media en esta competición (Tabla 7).

De entre los deportistas, el 73,88% manifiesta que el entrenamiento que realiza es suficiente para los objetivos y expectativas que ellos presentan. Si cuantificamos este tiempo analizado en el número de horas que los deportistas entrenan en el año, obtenemos un total de 115.74 horas/año, como media de entrenamiento.

Como podemos apreciar (Tabla 27) si comparamos ambos géneros los datos son muy semejantes. Podríamos indicar un mayor entrenamiento en el sector masculino, al observar un mayor número de sesiones semanales. Ahora bien, muestran un año menos de entrenamiento, como media, a este deporte con respecto a las mujeres. Tenemos que hacer constar que, en estos datos, no están incluidas otras cargas de entrenamiento como son las diferentes competiciones que se realizan a lo largo del año competitivo.

Tabla 27. Volumen de entrenamiento.

Género	Años	Meses	Días	Tiempo	Sesión	Suficiente
Fem	13.82±4.47	11.02±1.56	3.90±1.16	150.00±53.79	3.74±1.46	79 79.80%
Masc	12.81±4.43	11.50±0.64	5.04±1.09	161.25±57.54	5.15±3.00	20 76.92%
Total	13.63±4.46	11.12±1.09	4.12±1.23	152.32±54.56	4.10±2.04	99 73.88%

Leyenda: *(Años) Años que se lleva entrenando, (Meses) Meses que se entrena al año, (Días) Días que se entrena a la semana, (Tiempo) Duración, en minutos, de una sesión de entrenamiento media, (Sesión) Número de sesiones que se realizan a la semana.*

5. TRABAJO CON PESAS

En este deporte, sobre todo en la modalidad de parejas, la fuerza es un factor determinante ya que existen saltos, elevaciones, figuras en equilibrio, etc., que requieren unos elevados niveles de exigencia. Así, consideramos interesante conocer como se entrena de forma específica este aspecto en el deporte.

Podemos apreciar (Tabla 28) que, en el 34,63% de los casos los deportistas entrenan este contenido de forma específica, porcentaje que nos parece muy bajo. Si bien, hay un mayor trabajo por parte de los hombres (60,71%) que de las mujeres (27,93). Tanto unos como otros trabajan mayoritariamente este contenido a través de las pesas (≈50,00%) seguido de las gomas y los arrastres. Este trabajo desarrollado en el gimnasio y en la pista, debe de transformarse luego en una fuerza específica para el desarrollo de las diferentes técnicas y figuras que la competición exige.

Tabla 28. Trabajo de fuerza específica y forma de trabajo (n = 139) (n = 48).

Género	Casos	Fuerza	Pesas	Gomas	Arrastres	Otros
Femenino	n	31	26	16	3	6
	%	27.93%	50.98%	31.37%	5.88%	11.76%
Masculino	n	17	14	7	4	3
	%	60.71%	50.00%	25.00%	14.29%	10.71%
Total	n	48	40	23	7	9
	%	34.53%	50.63%	29.11%	8.86%	11.39%

Leyenda: *(Fuerza) De todos los deportistas (n = 139) aquellos que realizan un trabajo de fuerza específico, (Pesas) Trabajo de fuerza a través de pesas, (Gomas) Trabajo de fuerza con gomas, (Arrastres) Trabajo de fuerza con arrastres, cargas, etc., (Otros) Otro tipo de trabajo de fuerza.*

Si analizamos el tiempo que se lleva trabajando la fuerza de forma específica, nos encontramos con un valor que ronda los cuatro años (3.92±2.83) de entrenamiento. Aunque los hombres (4.14±2.01) muestran una media mayor que las mujeres (3.77±2.05), las diferencias son mínimas.

Ilustración 16. Las diferentes modalidades propician diferentes tipos de entrenamiento.

6. TIPO DE ENTRENAMIENTO

En la Tabla 29 podemos observar el tipo de entrenamiento que realizan los deportistas. Así, en contraposición con otros datos aportados (Tabla 36) vemos como el feedback visual a través del video es el más utilizado (31,84%), seguido del entrenamiento psicológico (28,25%) y de la dieta (20,63%). Por observación y contraste de la información obtenida, podemos apreciar que en sus entrenamientos analizan videos de otros competidores, seguramente de mayor nivel, ya que no utilizan (Tabla 36) el video en sus entrenamientos en un porcentaje relevante. Así, la observación de deportistas de mayor nivel o competiciones internacionales les sirve para ver los elementos técnicos y las ejecuciones correctas.

Analizando el tipo de entrenamiento en función del género, encontramos dos aspectos interesantes. Por un lado el mayor detenimiento en el análisis del reglamento por parte de los chicos y, a la inversa, un mayor entrenamiento psicológico por parte del sector femenino.

Tabla 29. Tipo de entrenamiento realizado por los deportistas.

Género	Casos	Reglamento	Vídeo	Psicológico	Dieta	Otros
Femenino	n	4	56	56	37	31
	%	2.17%	30.43%	30.43%	20.11%	16.85%
Masculino	n	7	15	7	9	1
	%	17.95%	38.46%	17.95%	23.08%	2.56%
Total	n	11	71	63	46	32
	%	4.93%	31.84%	28.25%	20.63%	14.35%

Leyenda: *(Reglamento) Reuniones para analizar el reglamento deportivo, (Vídeo) Visualización de vídeos para analizar las diferentes técnicas, (Psicológico) Entrenamiento psicológico con un especialista, (Dieta) Recomendación y/u obligación de seguir una alimentación específica, (Otros) Otro tipo de entrenamientos.*

7. LUGAR DE ENTRENAMIENTO

Las características del deporte condicionan unos espacios de entrenamiento específicos para los deportistas, debemos pues analizar si se entrena en ellos y en qué medida. Así (Tabla 30), en relación a la pista cubierta ésta se utiliza siempre en el 63,57% de los casos, frente al 24,03% que la utiliza de forma habitual. En relación al género, ambos manifiestan unos porcentajes similares, siendo su utilización mayoritaria en las chicas que en los chicos, al mostrar un mayor porcentaje de utilización en sus entrenamientos (66,67%) por parte de ellas y un mayor porcentaje en la no utilización de esta instalación (14,81%) en los chicos.

Por el contrario, la pista al aire libre es utilizada mayoritariamente de forma ocasional (59,06%), mientras que el 22.84% lo utiliza de forma más habitual o siempre. En este caso las chicas muestran un mayor porcentaje en la utilización ocasional (66,34%) frente a los chicos, donde manifiestan que el 42,31% nunca la utiliza, siendo menos de la mitad que las chicas los que la utilizan también ocasionalmente. Existe un mayor porcentaje (23,08%) de chicos que de chicas (5,94%) que utilizan siempre esta instalación en sus entrenamientos.

Tabla 30. Lugar de entrenamiento habitual del deportista.

Género	Instalación	Nunca		Ocasional		Habitual		Siempre	
		n	%	n	%	n	%	n	%
Fem	P. Cubierta	5	4,90%	6	5,88%	23	22,55%	68	66,67%
	P. Aire Libre	12	11,88%	67	66,34%	16	15,84%	6	5,94%
	Gimnasio	15	16,48%	8	8,79%	53	58,24%	15	16,48%
	Sala Musc.	30	75,00%	6	15,00%	4	10,00%	0	0,00%
Masc	P. Cubierta	4	14,81%	1	3,70%	8	29,63%	14	51,85%
	P. Aire Libre	11	42,31%	8	30,77%	1	3,85%	6	23,08%
	Gimnasio	8	34,78%	7	30,43%	8	34,78%	0	0,00%
	Sala Musc.	7	33,33%	9	42,86%	5	23,81%	0	0,00%
Total	P. Cubierta	9	6,98%	7	5,43%	31	24,03%	82	63,57%
	P. Aire Libre	23	18,11%	75	59,06%	17	13,39%	12	9,45%
	Gimnasio	23	20,18%	15	13,16%	61	53,51%	15	13,16%
	Sala Musc.	37	60,66%	15	24,59%	9	14,75%	0	0,00%

Leyenda: *(Instalación) Lugar, instalación o zona de entrenamiento. (Nunca) Nunca entrena en dicha instalación. (Ocasional) Entrena ocasionalmente. (Habitual) Entrena habitualmente. (Siempre) Entrena siempre.*

El gimnasio (Tabla 30) es utilizado mayoritariamente de forma habitual por el 53.51% y siempre en el 13.16% de los casos. Si comparamos por género, vemos que los mayores porcentajes se encuentran en el criterio de habitualidad. En el género masculino, el mismo porcentaje se encuentra para el apartado no utilización. Hay que destacar que un 16,48% de las chicas utilizan siempre esta instalación en sus entrenamientos, frente a la ausencia de ésta en este criterio en los chicos.

Con respecto a la sala de musculación, ésta no es utilizada por el 60,66% de los casos, y ningún sujeto lo utiliza siempre en sus entrenamientos. Sin embargo, podemos apreciar como los chicos utilizan esta instalación de forma ocasional (42,86%), frente a la ausencia de ésta en las chicas (75,00%), lo que nos indica una mayor especifidad para los varones. Esta utilización se puede atribuir a los niveles de fuerza que éstos tienen que tener para determinadas técnicas en sus ejercicios.

8. INSTITUCIÓN

Tal y como es de esperar, el mayor porcentaje (86,82%) de los deportistas están bajo la disciplina de un club deportivo, siendo muy bajos los deportistas que pertenecen a otras instituciones como escuelas municipales o colegios. Los datos son muy similares para ambos géneros en este apartado.

Tabla 31. Institución a la que pertenece el deportista.

Género	Casos	Colegio	Club Deportivo	Esc. Municipal	Otras	N/C
Femenino	n	1	92	4	5	2
	%	0.96%	88.46%	3.85%	4.81%	1.92%
Masculino	n	1	20	2	0	2
	%	4.00%	80.00%	8.00%	0.00%	8.00%
Total	n	2	112	6	5	4
	%	1.55%	86.82%	4.65%	3.88%	3.10%

Leyenda: *(Colegio) Club escolar y/o colegio. (Club Deportivo) Club deportivo federado. (Esc. Municipal) Escuela deportiva municipal. (Otras) Otras instituciones diferentes a las citadas. (N/C) No sé / No recuerdo.*

La prematura especialización de estos deportistas (Tabla 9) se ver reflejada también en la institución donde comienzan a practicar ese deporte, tal y como hemos visto (Tabla 10). Por ello, si analizamos la variación de esta variable en su iniciación y en la actualidad, apenas encontramos diferencias, ya que, la especialización y pertenencia a un club deportivo es muy prematura.

9. INSTALACIONES Y MATERIAL

La presencia de unos buenos recursos materiales y de instalaciones en el entrenamiento diario condiciona la calidad de entrenamiento de una forma muy importante. Por ello, se han analizado los diferentes espacios donde los deportistas entrenan aspectos relacionados con su deporte. Así, se les ha preguntado por las características de su pista de patinaje, su gimnasio, su sala de musculación, su material específico para la disciplina deportiva que realizan, así como otras series de condiciones inertes al entrenamiento.

Podemos decir que la pista de patinaje es el espacio deportivo más usado para la práctica de este deporte. En relación a ella (Tabla 32) los deportistas presentes en el campeonato la califican como buena en un 77,39%

de los casos (Ilustración 18). Por el contrarió, el 9.57% de ellos manifiesta que su pista de patinaje esta en mal estado o no existe. Dato que nos parece bastante grave cuando hablamos de deportistas que están participando en el campeonato del mundo de su disciplina deportiva. Esta apreciación es corroborada por el 83,90% de los deportistas que manifiestan que este espacio deportivo es imprescindible para poder obtener buenos resultados en su deporte.

Tabla 32. Valoración de la pista como instalación de entrenamiento (n = 115). Imprescindible (n = 118).

Género	Casos	Bien	Regular	Mal	No hay	Impres.
Femenino	n	72	8	2	8	74
	%	80.00%	8.89%	2.22%	8.89%	81.32%
Masculino	n	17	7	1	0	25
	%	68.00%	28.00%	4.00%	0.00%	92.59%
Total	n	89	15	3	8	99
	%	77.39%	13.04%	2.61%	6.96%	83.90%

Leyenda: *(Bien) Valoración de bien, (Regular) Valoración de regular, (Mal) Valoración de mal, (No hay) No tengo entrenador, (Impres.) Es imprescindible para los entrenamientos.*

En el análisis por género los porcentajes obtenidos son similares. Pudiendo destacar que los chicos presentan un menor porcentaje calificando su pista como buena y, a su vez, le dan una mayor importancia, que las chicas, para la consecución de buenos resultados. Destacar que hay 8 deportistas femeninos que entrenan este deporte y no disponen de pista de patinaje.

Ilustración 17. La pista de patinaje es una instalación imprescindible para practicar con éxito este deporte.

El gimnasio como instalación de entrenamiento también es valorado positivamente por el 80,53% de los deportistas encuestados. A su vez, las chicas otorgan una mayor importancia a este espacio deportivo que los chicos (Ilustración 18).

En este caso la valoración no resulta tan buena como ocurría con la pista de patinaje, ya que el mayor porcentaje de valoración recae en la calificación de regular (43,59%). El 17,64% de los deportistas manifiesta que su gimnasio de entrenamiento es malo o no existe. Esta instalación deportiva suele ser un espacio muy recurrido para el trabajo de habilidades básicas y, en este deporte, incluso para la realización de elementos de suelo y coreografías, antes de llevarlas a la pista de patinaje.

Tabla 33. Valoración del gimnasio como instalación de entrenamiento (n = 117). Imprescindible (n = 113).

Género	Casos	Bien	Regular	Mal	No hay	Impres.
Femenino	n	35	43	2	12	75
	%	38.04%	46.74%	2.17%	13.04%	85.23%
Masculino	n	10	8	1	6	16
	%	40.00%	32.00%	4.00%	24.00%	64.00%
Total	n	45	51	3	18	91
	%	38.46%	43.59%	2.56%	15.38%	80.53%

Leyenda: *(Bien) Valoración de bien, (Regular) Valoración de regular, (Mal) Valoración de mal, (No hay) No tengo entrenador, (Impres.) Es imprescindible para los entrenamientos.*

El sector femenino valora mejor esta instalación (84,78%) frente al masculino (72,00%) y, además, le da una mayor importancia a la hora de lograr los objetivos y éxitos propuestos (Ilustración 18).

La sala de musculación es otro lugar de entrenamiento muy vinculado al entrenamiento de los diferentes deportes y modalidades deportivas. En este deporte, el trabajo de fuerza es fundamental para determinados elementos técnicos como los saltos, las elevaciones, etc., por lo que, tal y como se manifiesta (Ilustración 18), mayoritariamente en los hombres (60,00%), es imprescindible para la consecución de los objetivos (43,10%). Sin embargo, como podemos apreciar (Tabla 34) existe un alto porcentaje (57,58%) de los deportistas que manifiesta no tener esta instalación para su entrenamiento. Además, sólo un 15,15% de los deportistas manifiesta que ésta es adecuada, siendo un porcentaje muy bajo en relación al nivel de la muestra estudiada, que compite a nivel internacional.

Tabla 34. Valoración de la sala de musculación como instalación de entrenamiento (n = 66). Imprescindible (n = 58).

Género	Casos	Bien	Regular	Mal	No hay	Impres.
Femenino	n	5	7	3	29	13
	%	11.36%	15.91%	6.82%	65.91%	34.21%
Masculino	n	5	8	0	9	12
	%	22.73%	36.36%	0.00%	40.91%	60.00%
Total	n	10	15	3	38	25
	%	15.15%	22.73%	4.55%	57.58%	43.10%

Leyenda: *(Bien) Valoración de bien, (Regular) Valoración de regular, (Mal) Valoración de mal, (No hay) No tengo entrenador, (Impres.) Es imprescindible para los entrenamientos.*

Relacionando la información tratada hasta el momento, podemos determinar que la pista de patinaje es prioritaria en los entrenamientos, que el gimnasio es la instalación secundaria y, como consecuencia, parece estar menos cuidado que la pista de patinaje. Finalmente, nos encontramos con la sala de musculación, donde muchos deportistas no entrenan ahí por carecer de ella. Podemos apreciar a continuación (Ilustración 18) la relación de la importancia que los deportistas, en función del género, le dan a cada instalación para poder conseguir los objetivos planteados en su rendimiento.

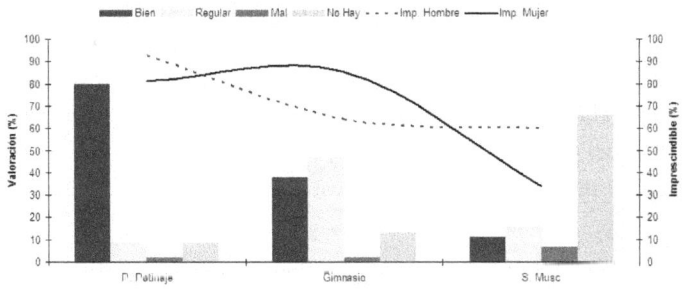

Ilustración 18. Relación de la valoración de las instalaciones (total) y la importancia (por género) que los deportistas manifiestan con respecto a ellas.

No sólo las instalaciones o infraestructuras condicionan el entrenamiento de un deportista de nivel. Los materiales específicos, muchas veces son el punto determinante de un entrenamiento de calidad y, por consiguiente, de salto cualitativo. Así se analizó la importancia que éste tiene en sus entrenamientos, así como otros factores que inciden en el mismo.

Casi la mitad de los sujetos manifiesta que tiene un material específico adecuado para sus entrenamientos (Ilustración 19), siendo más del 25% los deportistas que manifiestan que éste está mal o no disponen de él. Los datos son muy similares si comparamos ambos sexos. Esta importancia de un buen material específico se ve reflejada en la opinión de que el 75,51% manifiesta que éste es imprescindible en sus entrenamientos.

Tabla 35. Valoración del material específico para entrenar (n = 104). Imprescindible (n = 98).

Género	Casos	Bien	Regular	Mal	No hay	Impres.
Femenino	n	41	18	3	18	55
	%	51.25%	22.50%	3.75%	22.50%	74.32%
Masculino	n	10	7	2	5	19
	%	41.67%	29.17%	8.33%	20.83%	79.17%
Total	n	51	25	5	23	74
	%	49.04%	24.04%	4.81%	22.12%	75.51%

Leyenda: *(Bien) Valoración de bien, (Regular) Valoración de regular, (Mal) Valoración de mal, (No hay) No tengo entrenador, (Impres.) Es imprescindible para los entrenamientos.*

En esta disciplina donde la estética tiene un valor muy importante en la competición, resulta muy adecuado conocer "in situ", como se realiza el ejercicio. Principalmente la observación de entrenador y el feedback visual suelen ser las pautas más usadas. Ahora bien, en la actualidad, donde prima la tecnología, la imagen y el video, se debe apostar por estos medios, ya que mejorar sustancialmente la calidad del entrenamiento. El feedback es instantáneo, pudiendo el deportista ver su ejecución y, compararla con sus sensaciones, para así proceder a depurar o corregir los elementos técnicos necesarios.

Desgraciada e ilógicamente, nos encontramos con 44,07% manifiesta que no utiliza este tipo de tecnología en sus entrenamientos (Tabla 36). Quizás inducidos por la no utilización y/o conocimiento de estos métodos en el entrenamiento, observamos como sólo el 54,90% manifiesta que éstos son imprescindibles para un entrenamiento de calidad. Destacamos pues, que hay un bajo porcentaje de estos materiales utilizados correctamente en los entrenamientos (27,12%). En relación al género (Ilustración 19), existe un mayor número de mujeres que no utilizan estos recursos y, por contrapartida, menor numero de ellas que los utilizan en sus entrenamientos de forma favorable.

Tabla 36. Valoración de los medios audiovisuales en el entrenamiento (n = 59). Imprescindible (n = 52).

Género	Casos	Bien	Regular	Mal	No hay	Impres.
Femenino	n	8	7	4	18	18
	%	21.62%	18.92%	10.81%	48.65%	60.00%
Masculino	n	8	4	2	8	11
	%	36.36%	18.18%	9.09%	36.36%	50.00%
Total	n	16	11	6	26	28
	%	27.12%	18.64%	10.17%	44.07%	54.90%

Leyenda: *(Bien) Valoración de bien, (Regular) Valoración de regular, (Mal) Valoración de mal, (No hay) No tengo entrenador, (Impres.) Es imprescindible para los entrenamientos.*

Un material asequible económicamente como los pulsímetros es muy adecuado para el control del entrenamiento. Es un material básico que permite al entrenador conocer la intensidad del entrenamiento de sus deportistas, por lo que se puede considerar básico para un entrenamiento. Sin embargo, al analizar dicho elemento en nuestros deportistas vemos como el 73,08% de ellos manifiesta no tenerlos, ni utilizarlos en sus entrenamientos (Ilustración 19). Además, el 19,23% de ellos manifiesta que estos se utilizan incorrectamente o son deficientes. En relación al análisis por género, las chicas muestran una peor situación, al existir un mayor porcentaje (74,60%) que los chicos (66,67%), y solamente un 6,35% de ellas lo utiliza con criterio regular.

Estos datos se ven refrendados por el bajo porcentaje que los deportistas manifiestan sobre su utilización en el entrenamiento (Ilustración 19). El no conocimiento o su escasa utilización hacen que los propios deportistas consideren este material como poco imprescindible (17,39%).

Tabla 37. Valoración de la utilización de pulsímetros para entrenar (n = 78). Imprescindible (n = 69).

Género	Casos	Bien	Regular	Mal	No hay	Impres.
Femenino	n	0	4	12	47	9
	%	0.00%	6.35%	19.05%	74.60%	16.98%
Masculino	n	2	0	3	10	3
	%	13.33%	0.00%	20.00%	66.67%	18.75%
Total	n	2	4	15	57	12
	%	2.56%	5.13%	19.23%	73.08%	17.39%

Leyenda: *(Bien) Valoración de bien, (Regular) Valoración de regular, (Mal) Valoración de mal, (No hay) No tengo entrenador, (Impres.) Es imprescindible para los entrenamientos.*

A continuación se muestra la gráfica (Ilustración 19) donde se puede ver la comparación de los materiales específicos, así como los audiovisuales y los pulsímetros. Podemos afirmar que estos últimos apenas se utilizan y, además, no son muy valorados por los deportistas. También podemos ver como los medios audiovisuales tampoco son utilizados en un gran porcentaje, sin embargo presentan una valoración mayor, sobre todo por las mujeres, para sus intereses.

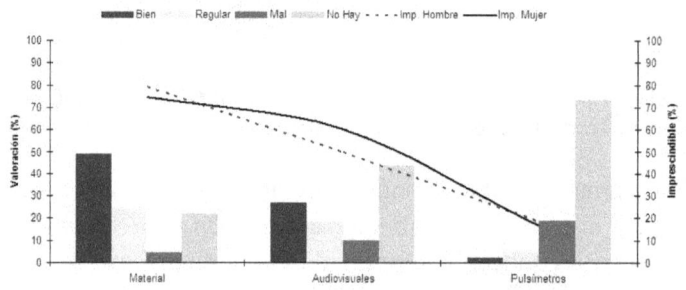

Ilustración 19. Relación de la valoración del material (total) y la importancia (por género) que los deportistas manifiestan con respecto a ellos.

Otro condicionante que lleva a realizar unos entrenamientos de calidad es el ambiente que el sujeto tiene en los mismos. A mejor ambiente entre los compañeros, se da un mejor compromiso y una mayor motivación, lo que nos sugiere un factor importante a controlar. Así bien, la valoración del ambiente en los entrenamientos por parte del 51,04% son regulares, y el 36,46% son buenos (Ilustración 20).

Estos datos son similares si comparamos los obtenidos entre hombres y mujeres. Destaca el porcentaje del 11,46% que manifiestan no haber ambiente (Ilustración 20), seguramente por su entrenamiento en solitario, aunque en este estudio son pocos los que manifiestan esta situación (Tabla 52). Como podemos apreciar (Tabla 38) el 84,04% manifiesta ser imprescindible para realizar un entrenamiento adecuado y así lograr los objetivos propuestos.

Tabla 38. Valoración del ambiente en el entrenamiento (n = 96). Imprescindible (n = 94).

Género	Casos	Bien	Regular	Mal	No hay	Impres.
Femenino	n	25	36	1	9	59
	%	35.21%	50.70%	1.41%	12.68%	85.51%
Masculino	n	10	13	0	2	20
	%	40.00%	52.00%	0.00%	8.00%	80.00%
Total	n	35	49	1	11	79
	%	36.46%	51.04%	1.04%	11.46%	84.04%

Leyenda: *(Bien) Valoración de bien, (Regular) Valoración de regular, (Mal) Valoración de mal, (No hay) No tengo entrenador, (Impres.) Es imprescindible para los entrenamientos.*

Como hemos visto (Tabla 9) la iniciación y la especifidad en este deporte es muy prematura, por lo que resulta interesante coordinar otros aspectos de la vida como su principal responsabilidad: los estudios. Aquí podemos destacar el alto porcentaje que los deportistas dan a este motivo (91,26%), lo que se ve refrendado por el 87,39% que manifiesta que su compatibilidad es aceptable (Ilustración 20). En relación al género, los valores son muy similares, pudiendo destacar que las mujeres muestran un porcentaje más alto en el criterio de "bien".

Tabla 39. Valoración de la compatibilidad entre estudios y/o trabajo y el entrenamiento (n = 111). Imprescindible (n = 103).

Género	Casos	Bien	Regular	Mal	No hay	Impres.
Femenino	n	38	38	4	6	72
	%	44.19%	44.19%	4.65%	6.98%	93.51%
Masculino	n	9	12	2	2	22
	%	36.00%	48.00%	8.00%	8.00%	84.62%
Total	n	47	50	6	8	94
	%	42.34%	45.05%	5.41%	7.21%	91.26%

Leyenda: *(Bien) Valoración de bien, (Regular) Valoración de regular, (Mal) Valoración de mal, (No hay) No tengo entrenador, (Impres.) Es imprescindible para los entrenamientos.*

Elementos específicos (Tabla 40) como son la música y la coreografía en el patinaje artístico muestran unos altos porcentajes de utilización en los entrenamientos, además con gran aceptación. Así el 75,68% valora como bueno este aspecto en los entrenamientos y, sólo un 5,40% manifiesta que éste es malo o inexistente. Casi todos los deportistas manifiestan estos contenidos como imprescindibles en sus entrenamientos, aun bien sin utilizarse de forma específica como contenido principal, sino amenizando una sesión de condición física o técnica.

Si comparamos los géneros, podemos ver como existe una mayor valoración por parte de su utilización adecuada en los entrenamientos por parte de las chicas (Ilustración 20). Los chicos son más críticos que éstas, manifestando un mayor porcentaje (28,00%) en el apartado de regular. Por el contrario, son los chicos los que manifiestan en un 100% que estos contenidos son imprescindibles en sus entrenamientos.

Tabla 40. Valoración de la coreografía y música en el entrenamiento (n = 111). Imprescindible (n = 114).

Género	Casos	Bien	Regular	Mal	No hay	Impres.
Femenino	n	69	14	1	2	86
	%	80.23%	16.28%	1.16%	2.33%	97.73%
Masculino	n	15	7	3	0	26
	%	60.00%	28.00%	12.00%	0.00%	100.00%
Total	n	84	21	4	2	112
	%	75.68%	18.92%	3.60%	1.80%	98.25%

Leyenda: *(Bien) Valoración de bien, (Regular) Valoración de regular, (Mal) Valoración de mal, (No hay) No tengo entrenador, (Impres.) Es imprescindible para los entrenamientos.*

Podemos apreciar la grafica (Ilustración 20) que nos muestra la comparación entre los elementos de coreografía, el ambiente y los estudios. Son tres aspectos que condicionan el entrenamiento y que, por tanto, deben de tenerse en cuenta y considerarse en su programación. Así, podemos ver como la coreografía es un elemento esencial en el entrenamiento y bien valorado por los deportistas. Sin embargo, y con justificación en el alto rendimiento que presenta la muestra, vemos como el ambiente es bueno, aunque su mayor porcentaje se encuentra en el criterio de "regular". Finalmente, vemos que los estudios también son relevantes para los deportistas, ya que deben compaginar esta responsabilidad con la alta competición.

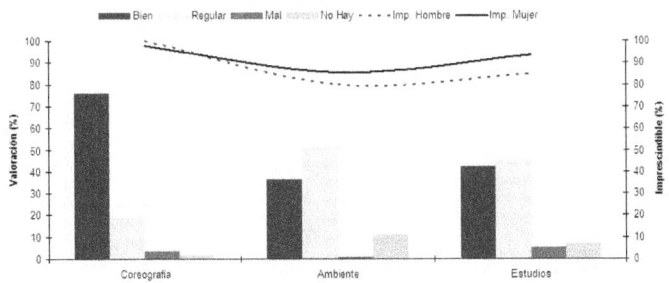

Ilustración 20. Relación de la valoración de la coreografía, el ambiente y los estudios (total) y la importancia (por género) que los deportistas manifiestan con respecto a ellos.

MOTIVOS DE PRÁCTICA DEPORTIVA

1. MOTIVOS DE PRÁCTICA DEPORTIVA

Los deportes minoritarios como el patinaje artístico, muestran un mayor porcentaje en lo que podríamos denominar el amor por ese deporte, porque les gusta ese deporte. Aquí (Tabla 41), corroboramos esos datos al apreciar que el 44,09% de los encuestados manifiesta que les gusta el deporte y que por ello comenzaron su particular historia en el mundo del patinaje artístico. Otros motivos de gran interés son los familiares (25,00%) y de amistad (12,73%), que tienen un especial valor intrínseco para el deportista y que suponen un pilar firme de motivación y adhesión al deporte.

Tabla 41. Motivos que llevan a la práctica del patinaje artístico en sus inicios.

Género		Amigos	Marcas	Monitor	Gustar	Familia	Club	Otros
Femenino	n	26	2	5	82	39	20	5
	%	14.53%	1.12%	2.79%	45.81%	21.79%	11.17%	2.79%
Masculino	n	2	3	3	15	16	1	1
	%	4.88%	7.32%	7.32%	36.59%	39.02%	2.44%	2.44%
Total	n	28	5	8	97	55	21	6
	%	12.73%	2.27%	3.64%	44.09%	25.00%	9.55%	2.73%

Leyenda: *(Amigos) Por las amistades. (Marcas) Por las marcas y/o resultados. (Monitor) Por el monitor y/o entrenador. (Gustar) Porque me gusta. (Familia) Por la familia. (Club) Por existir en el club al que pertenezco. (Otros). Otros motivos.*

En el análisis con respecto al género, podemos ver como el gusto por este deporte es el mayor motivo en las mujeres (45,81%), mientras que los motivos familiares son el principal argumento en los hombres (39,02%), aunque el gusto por el mismo sigue teniendo un porcentaje muy alto (36,59%) con respecto a los otros motivos. Podemos destacar que las mujeres se inician motivadas por sus amistades frente a los motivos familiares que parecen ser el mayor argumento de los hombres. Por otro lado, resaltar que los buenos resultados son un motivo mayor en los hombres, aunque en ambos casos su porcentaje es pequeño. También, podemos apreciar la influencia del club como motivo para el inicio en este deporte, mayoritario en el sector femenino frente al masculino.

Como podemos apreciar (Tabla 42) los mayores motivos para la práctica de este deporte vienen determinados por el gusto por el deporte (25.50%), por la diversión (17.47%), por la evasión y/o liberación del estrés (13.05%), por las amistades (12.85%) y por estar en forma (10.64%). Parece contradictorio que un deporte, que se fundamente en la estética, presente sólo un 2,81% de los casos por este motivo. En relación al género, se encuentra mayor valor para el motivo de la amistad frente a los varones, al igual que la diversión o la evasión a través del deporte.

Ilustración 21. La concentración previa a la competición puede ser determinante en el resultado.

Tabla 42. Motivación actual que tienes para practicar patinaje artístico.

	Gusta	Amigo	Diver.	Forma	Salud	Estét.	Estrés	Comp.	Otros
F	102 25.19%	56 13.83%	74 18.27%	43 10.62%	28 6.91%	10 2.47%	58 14.32%	29 7.16%	5 1.23%
M	25 26.88%	8 8.60%	13 13.98%	10 10.75%	9 9.68%	4 4.30%	7 7.53%	15 16.13%	2 2.15%
T	127 25.50%	64 12.85%	87 17.47%	53 10.64%	37 7.43%	14 2.81%	65 13.05%	44 8.84%	7 1.41%

Leyenda: *(Gusta) Me gusta, (Amigo) Estar con los amigos, (Diver.) Diversión, (Forma) Estar en forma, (Salud) Mantener y/o mejorar la salud, (Estét.) Estética y/o mejor imagen, (Estrés) Evasión y/o liberación del estrés, (Comp.) Por competir, (Otros) Otros motivos. (F) Femenino. (M) Masculino. (T) Total.*

La importancia de esos motivos también nos ayuda a entender la práctica de este deporte. El alto porcentaje de gente que manifiesta un gusto por el deporte, se ve incrementado por la importancia que le da a éste, ya que le otorga una alta preferencia (1.23±0.71) en la escala de valores (1 máxima importancia, 5 menor importancia). Esta valoración se completa con los demás motivos a los cuales les otorgan los siguientes valores: amistad 3.07±0.87, diversión 2.77±0.82, estar en forma 3.06±0.93, mejorar y/o mantener la salud 2.88±0.78, estética y/o mejor imagen 2.75±1.36, evasión y/o liberación del estrés 2.87±0.84, competitividad 2.51±1.02 y otros motivos 3.17±0.98.

2. EXPECTATIVAS DE PRÁCTICA DEPORTIVA

Ilustración 22. La motivación es un aspecto intrínseco del deportista fundamental para competir.

La consecución de los objetivos planteados en la vida deportiva influye considerablemente en la motivación y práctica por un determinado deporte. En relación a ello, se ha preguntado cómo consideran que están cumplidas sus expectativas como deportista. En la Tabla 43 podemos ver que los mayores porcentajes se presentan para los ítems de "estoy en ello" y "se han cumplido a medias", reuniendo un 74,44% de las opiniones.

Tabla 43. Expectativas en la práctica del patinaje artístico.

Género	Casos	Totalidad	A medias	En ello	Difícil	Imposible
Femenino	n	27	37	40	1	2
	%	25.23%	34.58%	37.38%	0.93%	1.87%
Masculino	n	2	11	11	1	1
	%	7.69%	42.31%	42.31%	3.85%	3.85%
Total	n	29	48	51	2	3
	%	21.80%	36.09%	38.35%	1.50%	2.26%

Leyenda: *(Totalidad) Se han cumplido en su totalidad, (A medias) Se han cumplido a medias, (En ello) Estoy en camino de conseguirlas, (Difícil) Me parece difícil conseguirlas, (Imposible) Es imposible que las consiga.*

Estos datos creemos que están en consonancia con la experiencia (Tabla 9) y juventud (Tabla 7) que presentan los deportistas que participan en este campeonato mundial. Si bien, ya nos encontramos con un 21,80% de los deportistas que manifiestan haber conseguido sus expectativas que, unidas a los que ven éstas como difíciles o imposibles, por lo que sus motivaciones en este aspecto pierden fuerza.

Ilustración 23. Las expectativas de práctica están determinadas en su mayoría por la consecución de los éxitos deportivos.

Si analizamos las expectativas en función del género, vemos como las chichas manifiestan en mayor porcentaje (25.23%) que los chicos que éstas ya han sido conseguidas en su totalidad. Por otro lado, y en consonancia con los datos generales, los chicos presentan mayores porcentajes, que las chicas, en los apartados que indican que han conseguido algunas o están en camino (42.31%).

Relacionado con las expectativas deportivas (Tabla 43) se encuentran los resultados deportivos (Tabla 45), que a nivel de participación (Tabla 44) vemos una simetría, ya que los deportistas que participan en un mundial, por igual participan en campeonatos de ámbito nacional y continental. Valorando los datos en función del género, éstos son similares.

Tabla 44. Participación en campeonatos.

Género	Casos	Nacional	Continental	Mundo
Femenino	n	110	97	106
	%	35.14%	30.99%	33.87%
Masculino	n	28	23	27
	%	35.90%	29.49%	34.62%
Total	n	138	120	133
	%	35.29%	30.69%	34.02%

Leyenda: *(Nacional) Participación en campeonatos nacionales, (Continental) Participación en campeonatos del continente, Participación en campeonatos del mundo.*

Valorando el éxito en los campeonatos, podemos observar (Tabla 45), como era de esperar, un mayor número de deportistas que consiguen medallas en competiciones nacionales (46.67%), encontrando un menor porcentaje en las competiciones de ámbito continental (36.14%) y en campeonatos del mundo (17.19%). Esta misma estructura se corresponde con el género masculino y femenino.

Tabla 45. Medallas en campeonatos (n = 135).

Género	Casos	Nacional	Continental	Mundo
Femenino	n	105	89	41
	%	44.68%	37.87%	17.45%
Masculino	n	28	14	8
	%	56.00%	28.00%	16.00%
Total	n	133	103	49
	%	46.67%	36.14%	17.19%

Leyenda: *(Nacional) Medallas en campeonatos nacionales, (Continental) Medallas en campeonatos del continente, Medallas en campeonatos del mundo.*

El gran número de medallas que consiguen los deportistas en los diferentes campeonatos, viene condicionado por en número de modalidades en las que se compite y, a su vez, por el número de deportistas en el equipo. Si bien, como podemos ver (Tabla 45), un 17,19% de los deportistas ya ha obtenido medalla en un campeonato mundial, pese a su juventud.

CARACTERÍSTICAS DEL ENTORNO DEL DEPORTISTA

1. LA FAMILIA

La familia es un lazo muy fuerte en la formación integral de cualquier persona y, por supuesto, de un deportista. Este entorno presenta una gran fuerza para la personalidad del deportista, por lo que conocer los aspectos y opiniones que ésta tiene sobre la práctica del deporte resulta fundamental para conocer su iniciación.

La adhesión a la práctica deportiva está suficientemente justificada con la práctica de los progenitores. Así podemos observar (Tabla 46) que el 64,28% de los padres realizan deporte. Mayoritariamente la práctica realizada es de otra disciplina deportiva. Sólo el 24,60% manifiesta que su padre no realizó deporte. Evidentemente apreciamos un bajo porcentaje de padres que realizan patinaje artístico, al ser una modalidad preferentemente femenina.

En relación al género apreciamos dos aspectos muy significativos. En primer lugar sólo se encuentran casos de padres que practican patinaje artístico en deportistas chicas. En segundo lugar, las chicas manifiestan un mayor porcentaje (71,00%) que los chicos (38,46%) afirmando que sus padres realizan deporte.

Tabla 46. Practica deportiva del padre.

Género	Casos	P. Artístico	O. Modalidad	Otro Deporte	No hizo	No sé
Femenino	n	4	1	66	21	8
	%	4.00%	1.00%	66.00%	21.00%	8.00%
Masculino	n	0	0	10	10	6
	%	0.00%	0.00%	38.46%	38.46%	23.08%
Total	n	4	1	76	31	14
	%	3.17%	0.79%	60.32%	24.60%	11.11%

Leyenda: *(P. Artístico) Practicó patinaje artístico, Practicó otra modalidad de patinaje diferente al patinaje artístico, (Otro Deporte) Practicó otro deporte sin patines, (No hizo) No realizó ninguna actividad deportiva, (No sé) No sabe si realizó o no deporte.*

Por otro lado, analizando la práctica deportiva de la madre (Tabla 47), encontramos un mayor porcentaje en la categoría de que no realizaron deporte alguno (34,15%). Por el contrario encontramos que el 49,59% de ellas realizó algún tipo de deporte, siendo un porcentaje menor que la práctica deportiva de los padres. Sin embargo, el porcentaje de madres que practicó patinaje artístico (13,82%) es diez puntos superior al de los padres (3,17%).

Tabla 47. Practica deportiva de la madre.

Género	Casos	P. Artístico	O. Modalidad	Otro Deporte	No hizo	No sé
Femenino	n	14	1	37	31	14
	%	14.43%	1.03%	38.14%	31.96%	14.43%
Masculino	n	3	0	6	11	6
	%	11.54%	0.00%	23.08%	42.31%	23.08%
Total	n	17	1	43	42	20
	%	13.82%	0.81%	34.96%	34.15%	16.26%

Leyenda: *(P. Artístico) Practicó patinaje artístico, Practicó otra modalidad de patinaje diferente al patinaje artístico, (Otro Deporte) Practicó otro deporte sin patines, (No hizo) No realizó ninguna actividad deportiva, (No sé) No sabe si realizó o no deporte.*

Si observamos la práctica deportiva de la madre en función del género del deportista (hijo), los porcentajes son similares para ambos. Destacando que ligeramente los padres de los chicos muestran menor práctica deportiva (34,62%) que los progenitores de las chicas (53,60%) y un mayor absentismo (42,31%) en el deporte.

En relación a los datos comentados anteriormente (Tabla 46 y Tabla 47) podemos apreciar (Tabla 48) que la familia se manifiesta muy favorable a la práctica deportiva de sujeto en el 76,98% de los casos y bastante favorable en el 15,83%, restando un 7,20% a los que le resulta indiferente o se posiciona en contra de ésta. Estos datos propician una adecuada iniciación deportiva y refuerzan la práctica del deporte.

Tabla 48. Actitud de la familia con relación a la práctica deportiva del deportista.

Género	Casos	Muy Fav.	B. Fav.	Indifer.	B. Negat.	Muy Negat.
Femenino	n	90	14	6	1	0
	%	81.08%	12.61%	5.41%	0.90%	0.00%
Masculino	n	17	8	2	0	1
	%	60.71%	28.57%	7.14%	0.00%	3.57%
Total	n	107	22	8	1	1
	%	76.98%	15.83%	5.76%	0.72%	0.72%

Leyenda: *(Muy Fav.) Muy favorable, (B. Fav.) Bastante favorable, (Indifer.) Indiferente, (B. Negat.) Bastante negativa, (Muy negat.) Muy negativa.*

Si analizamos los datos en función del género podemos observar un mayor porcentaje en las chicas (81,08%) que en los chicos (60,71%), para la categoría de muy favorable. Estos datos se invierten en la categoría favorable, lo que nos indica que las chicas tienen una mejor percepción de la actitud familiar hacia su propia práctica deportiva. En las demás categorías los porcentajes son parecidos, observando como sólo uno, en cada situación, manifiesta que la actitud familiar hacia el deporte es negativa o muy negativa.

2. EL ENTRENADOR

A lo largo de su vida deportiva tenemos que destacar que los deportistas tuvieron una media de 3.44±2.05 entrenadores. Aunque los resultados son muy parejos en relación al género, las mujeres presentan valores medios (3.54±2.05) ligeramente superiores a los de los hombres (3.04±2.04).

Analizando la formación del entrenador que tienen en la actualidad, podemos apreciar que existe un porcentaje (2,52%) que manifiestan tener un entrenador que no posee titulación. Dato que nos resulta muy chocante al estar analizando a deportistas que participan en un campeonato del mundo.

Ilustración 24. El entrenador ofrece una impronta en el deportista y en sus actuaciones.

Como era de esperar, el mayor porcentaje se centra en entrenadores que poseen la titulación de entrenador superior de patinaje (56,60%), seguido de los licenciados en educación física (20,13%). Estos datos resultan mucho más adecuados al nivel de competición en el que están los deportistas. Podemos apreciar como se dan bajos porcentajes en titulaciones de monitor de patinaje, cuya orientación está más indicada a la iniciación deportiva, y entrenador auxiliar de patinaje, a los que se le atribuyen competencias de menor índole que las de entrenador superior.

Tabla 49. Titulación del entrenador en la actualidad.

Género	S.T.	M.P.	E.A	E.S	Dipl.	Lcdo.	N/C	Otros
Femenino	3 2.29%	5 3.82%	6 4.58%	71 54.20%	4 3.05%	30 22.90%	10 7.63%	2 1.53%
Masculino	1 3.57%	2 7.14%	0 0.00%	19 67.86%	1 3.57%	2 7.14%	3 10.71%	0 0.00%
Total	4 2.52%	7 4.40%	6 3.77%	90 56.60%	5 3.14%	32 20.13%	13 8.18%	2 1.26%

Leyenda: *(S.T.) Sin titulación. (M.P.) Monitor de patinaje. (E.A.) Entrenador auxiliar de patinaje. (E.S.) Entrenador superior de patinaje. (Dipl.) Diplomado en Educación Física. (Lcdo.) Licenciado en Educación Física. (N/C) No sé / No recuerdo. (Otros) Otras titulaciones.*

En relación al análisis en función del género, los datos que presentan son muy similares. Debemos destacar que las chicas manifiestan, en mayor porcentaje, que sus entrenadores tienen la titulación de licenciado en educación física, frente a los entrenadores de los chicos, donde su formación se centra principalmente en la titulación de entrenador superior de patinaje.

En consecuencia con la figura del entrenador, podemos apreciar (Tabla 50) que para el 86,41% de los deportistas estudiados, éste es imprescindible para la consecución de sus éxitos y/o resultados. En relación al género, los chicos muestran mayor porcentaje que las chicas en este criterio, llegando al 96,15%. Ahora bien, no todos los deportistas presentan un entrenador en su carrera (12,62%), lo que nos indica que se da un entrenamiento autónomo por parte del deportista. Este dato es muy negativo teniendo en cuenta la modalidad deportiva, ya que precisa constantemente de correcciones y feedback técnicos para mejorar el rendimiento. El 71,84% de los deportistas valoran positivamente a su entrenador, mientras que el 14,53% manifiesta que su valoración es regular o mala.

Tabla 50. Valoración del entrenador especialista (n = 103). Imprescindible (n = 103).

Género	Casos	Bien	Regular	Mal	No hay	Impres.
Femenino	n	54	8	4	12	64
	%	69.23%	10.26%	5.13%	15.38%	83.12%
Masculino	n	20	4	0	1	25
	%	80.00%	16.00%	0.00%	4.00%	96.15%
Total	n	74	12	4	13	89
	%	71.84%	11.65%	3.88%	12.62%	86.41%

Leyenda: *(Bien) Valoración de bien, (Regular) Valoración de regular, (Mal) Valoración de mal, (No hay) No tengo entrenador, (Impres.) Es imprescindible para los entrenamientos.*

Del mismo modo que se analizó la formación del entrenador, se preguntó por la formación del seleccionador con el que participaban en el campeonato del mundo. También en este cargo, nos encontramos con un 5,19% de seleccionadores que no poseen ninguna titulación que les acredite una formación específica en el patinaje artístico. Como era de esperar (Tabla 51) el mayor porcentaje recae en la titulación de entrenador superior (57,14%), que debería ser obligatorio para los entrenadores en este tipo de eventos de carácter internacional. Debemos señalar que un 28,57% de los encuestados no conoce la titulación de su seleccionador.

Tabla 51. Titulación del seleccionador en la actualidad.

Género	S.T.	M.P.	E.A	E.S	Dipl.	Lcdo.	N/C	Otros
Femenino	3	2	1	26	1	1	17	1
	5.77%	3.85%	1.92%	50.00%	1.92%	1.92%	32.69%	1.92%
Masculino	1	0	0	18	1	0	5	0
	4.00%	0.00%	0.00%	72.00%	4.00%	0.00%	20.00%	0.00%
Total	4	2	1	44	2	1	22	1
	5.19%	2.60%	1.30%	57.14%	2.60%	1.30%	28.57%	1.30%

Leyenda: *(S.T.) Sin titulación. (M.P.) Monitor de patinaje. (E.A.) Entrenador auxiliar de patinaje. (E.S.) Entrenador superior de patinaje. (Dipl.) Diplomado en Educación Física. (Lcdo.) Licenciado en Educación Física. (N/C) No sé / No recuerdo. (Otros) Otras titulaciones*

Si analizamos los datos en función del género, apreciamos que los hombres manifiestan con mayor porcentaje (72,00% frente al 50,00%) que las mujeres, que sus entrenadores tienen la titulación de entrenador superior. Además, para los deportistas masculinos, no se encuentran monitores ni entrenadores auxiliares. Este dato, está en consonancia con los objetivos que manifiesta la formación de nivel III "Entrenador Superior de Patinaje", cuyos objetivos son el desempeño de competiciones deportivas en ámbito nacional e internacional.

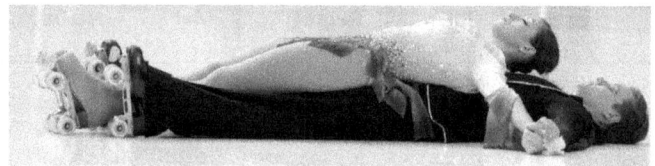

Ilustración 25. Patinadores en la posición inicial para comenzar su coreografía.

3. COMPAÑEROS DE ENTRENAMIENTO

El entrenamiento es, en el 96,45% de los casos, en grupo pese a ser un deporte individual, pero justificado también por sus modalidades de parejas y grupos. Además, el tipo de compañeros y su práctica deportiva condicionan el ambiente de los entrenamientos (Tabla 38) y, en consecuencia, la calidad de los mismos.

Tabla 52. Con quien entrenas patinaje artístico.

Género	Casos	Sólo	En Grupo
Femenino	n	3	110
	%	2.65%	97.35%
Masculino	n	2	26
	%	7.14%	92.86%
Total	n	5	136
	%	3.55%	96.45%

Leyenda: *(Sólo) Entrenamiento individual, (En grupo) Entrenamiento junto a compañeros.*

Ilustración 26. Los compañeros de entrenamiento condicionan la adhesión al deporte y los resultados deportivos.

De entre los compañeros con los que entrenan, como es evidente, mayoritariamente (90,54%) son deportistas que practican su misma modalidad deportiva "patinaje artístico", siendo un porcentaje menor las amistades que practican otro deporte relacionado con el patinaje (6.76%) y mucho menor las que practican otros deportes (2.70%). Este "corporativismo" está muy presente en deportistas de élite, que conviven y estrechan lazos con deportistas que tienen objetivos comunes.

Tabla 53. Deporte que practican tus compañeros de entrenamiento.

Género	Casos	P. Artístico	Otro Patín	Otro deporte
Femenino	n	109	5	1
	%	94.78%	4.35%	0.87%
Masculino	n	25	5	3
	%	75.76%	15.15%	9.09%
Total	n	134	10	4
	%	90.54%	6.76%	2.70%

Leyenda: *(P. Artístico) Deportistas de patinaje artístico, (Otro Patín) Deportistas de otras modalidades de patinaje, (Otro deporte) Deportistas de otros deportes diferentes a los mencionados.*

Así bien, el grupo de compañeros con los que entrenan es considerado del mismo nivel que el deportista (67.20%), sólo en un 4,80% los consideran de mayor nivel. En relación al género hay que destacar que el 62.50% de los hombres manifiesta entrenar con compañeros de nivel inferior, mientras que el mayor porcentaje para las mujeres está en el mismo nivel (75.25%). Estos datos son preocupantes en relación a la motivación que los deportistas pueden presentar (Tabla 42), ver que sus compañeros son iguales o de nivel inferior al suyo, propician carecer del afán de superación.

Tabla 54. Nivel que tienen tus compañeros de entrenamiento con respecto al tuyo.

Género	Casos	Inferior	Igual	Superior
Femenino	n	20	76	5
	%	19.80%	75.25%	4.95%
Masculino	n	15	8	1
	%	62.50%	33.33%	4.17%
Total	n	35	84	6
	%	28.00%	67.20%	4.80%

Leyenda: *(Inferior) Menor nivel, (Igual) Mismo nivel, (Superior) Mayor nivel.*

4. LAS AMISTADES

En relación a las amistades (Tabla 55) podemos apreciar que entre sus amigos se haya gente deportista y no deportista (56,43%). Sin embargo encontramos un 31,43% de los deportistas que manifiestan que sus amistades practican deporte. Además, observamos que el patinaje artístico es una modalidad deportiva que está presente entre sus amigos (19,29%).

Ilustración 27. Existe un porcentaje relevante de deportistas que presentan amistad con otros deportistas que también practican el mismo deporte.

Tabla 55. Amistades de los deportistas.

Género	Casos	P. Artístico	Otros	Sí y no	No
Femenino	n	21	11	66	14
	%	18.75%	9.82%	58.93%	12.50%
Masculino	n	6	6	13	3
	%	21.43%	21.43%	46.43%	10.71%
Total	n	27	17	79	17
	%	19.29%	12.14%	56.43%	12.14%

Leyenda: *(P. Artístico) La mayoría son deportistas de patinaje artístico, (Otros) La mayoría son deportistas de otros deportes, (Sí y no) Algunos son deportistas y otros no, (No) La mayoría no son deportistas.*

Analizando el tipo de amistades que presentan los deportistas en función del género, observamos que el mayor porcentaje atiende a tener amigos que practican y que no practican deporte alguno. Los porcentajes en relación a la amistad que no practican deporte son muy similares a la de los amigos que sí practican otro deporte. Apreciamos (Tabla 55) como hay un mayor porcentaje de amigos que practican deporte entre los deportistas varones (42,86%). Además, éstos muestran el mismo porcentaje en la práctica del patinaje artístico y de otro tipo de deporte.

Ahora bien, las amistades muestran además una buena valoración hacia el deportista (Tabla 56), ya que el 79,13% lo valora como positivo. El 20,14% manifiesta que no lo valora ni bien ni mal, indiferente, y sólo un 0,72% es valorado negativamente por ellos. Estos datos, juntos con los encontrados en el entorno familiar (Tabla 48) proporcionan una motivación extrínseca muy fuerte hacia la práctica deportiva.

Tabla 56. Valoración de tus amistades con respecto al deportista de patinaje artístico.

Género	Casos	Muy Bien	Bien	Normal	Mal	Muy Mal
Femenino	n	50	35	26	0	0
	%	45.05%	31.53%	23.42%	0.00%	0.00%
Masculino	n	16	9	2	1	0
	%	57.14%	32.14%	7.14%	3.57%	0.00%
Total	n	66	44	28	1	0
	%	47.48%	31.65%	20.14%	0.72%	0.00%

Leyenda: *(Muy Bien) Valoración excelente, (Bien) Valoración positiva, (Normal) Valoración indiferente, (Mal) Valoración negativa, (Muy Mal) Valoración pésima.*

En relación al análisis por género, destacamos que no existe una valoración negativa por parte de las amistades en las chicas, hallando un solo sujeto en el caso de los varones. Sin embargo, el mayor porcentaje de valoración (muy bien) recae en los chicos, doce puntos por encima de las chicas. Este porcentaje se ve compensado en la categoría de "normal", donde es mucho mayor en el sector femenino (23,42%) que en el masculino (7,14%). Esta valoración nos puede indicar que las mujeres se ven menos valoradas por el hecho de realizar deporte antes sus amistades. Por otro lado, supone un refuerzo positivo hacia los hombres, al ver como sus amistades le valoran positivamente, ya que en términos generales, el deporte es "estético" y más femenino.

Ilustración 28. El deportista de patinaje artístico es valorado muy positivamente por sus amistades.

5. TITULACIÓN Y FORMACIÓN

La formación académica de los deportistas debe de tenerse en cuenta también en la iniciación deportiva. Son muchos los casos que omiten esta formación a causa de los buenos resultados o de la futura carrera deportiva. Sin embargo, también son muchos los casos que, por culpa de los estudios, no se realiza una carrera deportiva exitosa o a alto nivel.

La formación de los deportistas que participaron en el campeonato es, principalmente, una formación básica, donde el 52,59% de ellos tiene superada la enseñanza secundaria y el 20,00% la formación profesional. Son menores las otras categorías que muestran una formación más adecuada o una ausencia de formación. Como podemos ver (Tabla 57) sólo un 11,85% presenta formación universitaria, lo que concuerda con la juventud (Tabla 7) y precocidad (Tabla 9) de esta disciplina deportiva.

Tabla 57. Nivel de estudios que poseen en la actualidad los deportistas.

Género	Casos	Sin Estud.	Primaria	Secund.	F.P.	Dipl.	Licenc.
Femenino	n	2	16	61	17	9	2
	%	1.87%	14.95%	57.01%	15.89%	8.41%	1.87%
Masculino	n	1	2	10	10	4	1
	%	3.57%	7.14%	35.71%	35.71%	14.29%	3.57%
Total	n	3	18	71	27	13	3
	%	2.22%	13.33%	52.59%	20.00%	9.63%	2.22%

Leyenda: *(Sin Estad.) Sin estudios, (Primaria) Enseñanza primaria, (Secund.) Enseñanza secundaria, (F.P.) Formación profesional, (Dial.) Enseñanza superior de tres años, (Licenc.) Enseñanza superior de 4 años o más.*

En relación al género nos encontramos con porcentajes muy parejos en ambos casos. Podemos matizar que existe un mayor porcentaje de hombres (17,86%) que presenta título universitario. Las mujeres muestran una formación media con porcentaje similar al de los hombres, pero distribuido de forma diferente. Los hombres presentan mayor porcentaje en estudios de formación profesional (35,71%) y las mujeres mayor con respecto a la enseñanza secundaria (57,01%). Las mujeres, presentan mayor porcentaje en deportistas que poseen educación primaria. Estos datos parecen indicar que los hombres tienen, levemente, una mejor formación en sus estudios.

Tabla 58. Intención de estudiar una carrera universitaria en un futuro.

Género	Casos	No	Sí
Femenino	n	23	52
	%	30.67%	69.33%
Masculino	n	2	15
	%	11.76%	88.24%
Total	n	25	67
	%	27.17%	72.83%

Leyenda: *(No) No tiene intención de cursar estudios universitarios en un futuro, (Sí) Sí tiene intención de cursar estudios universitarios en un futuro.*

Estos datos (Tabla 57), junto con los obtenidos en relación a su juventud (Tabla 7), nos permiten pensar que en un futuro inmediato, continuarán con los estudios (Tabla 60). Así pues, esta afirmación se confirma al observar (Tabla 58) que el 72,83% pretende cursar estudios universitarios. También apreciamos una mayor tendencia en los hombres (88,24%) que en las mujeres (69,33%).

Tabla 59. Lugar donde cursa o cursará los estudios universitarios futuros.

Género	Casos	Ciudad	Otra
Femenino	n	44	45
	%	49.44%	50.56%
Masculino	n	18	7
	%	72.00%	28.00%
Total	n	62	52
	%	54.39%	45.61%

Leyenda: (Ciudad) En tu ciudad de residencia, (Otra) En otra ciudad diferente a la de tu residencia, (No sé) No lo sé.

Ilustración 29. La mayor parte de los deportistas tienen pensado seguir cursando estudios universitarios.

Más del 50,00% de los deportistas que pretenden realizar estudios universitarios manifiestan que los cursarán en su propia ciudad. Esta característica facilita la adhesión al deporte pues aporta facilidad para que los deportistas continúen sus entrenamientos con cierta normalidad al comenzar en la universidad. Los hombres muestran mayor preferencia (72,00%) de estudiar dichos estudios universitarios en su propia ciudad frente a las mujeres (49,44%). La mitad de las mujeres manifiestan que estudiarán sus carreras universitarias en otra ciudad diferente a la de su residencia habitual.

Tal y como podíamos imaginar por los datos encontrados (Tabla 7) la principal ocupación que los deportistas tienen es la de estudiante (55,23%). Un 33,72% es trabajador y sólo un 11,05% es deportista profesional.

Tabla 60. Ocupación actual de los deportistas de patinaje artístico (n = 129).

Género	Casos	Profesional	Trabajador	Estudiante
Femenino	n	12	43	78
	%	9.02%	32.33%	58.65%
Masculino	n	7	15	17
	%	17.95%	38.46%	43.59%
Total	n	19	58	95
	%	11.05%	33.72%	55.23%

Leyenda: *(Profesional) Deportista profesional, (Trabajador) Profesional laboral contratado, (Estudiante) Alumno que cursa estudios.*

En relación al género apreciamos que hay más mujeres estudiantes (58,65%) y más hombres que están inmersos en el mundo laboral (38,46%). Del mismo modo, apreciamos un mayor porcentaje de patinadores profesionales hombres (17,95%) que mujeres (9,02%), que viven única y exclusivamente del deporte.

Tabla 61. Desempeño de la ocupación laboral (n = 127).

Género	Casos	Mi ciudad	Otra ciudad
Femenino	n	61	22
	%	73.49%	26.51%
Masculino	n	18	7
	%	72.00%	28.00%
Total	n	79	29
	%	73.15%	26.85%

Leyenda: *(Mi ciudad) En la ciudad de residencia habitual, (Otra ciudad) En otra ciudad diferente a la de la residencia habitual.*

El desempeño de la ocupación laboral (Tabla 61) de los deportistas la realizan en la ciudad de residencia habitual (73,15%) y un 26,85% debe desplazarse a otra ciudad para realizar sus responsabilidades. Dichos datos manifiestan una facilidad para la práctica deportiva, entendiendo que el lugar de entrenamiento se sitúa en la ciudad de residencia habitual.

Ilustración 30. Los deportistas valoran mayoritariamente como positiva la práctica del patinaje artístico sobre su ocupación laboral.

Otro dato que indica una adhesión a la práctica deportiva (Tabla 62) es la visión positiva que los deportistas manifiestan en el binomio deporte-trabajo. La visión positiva (61,40%) hace que la práctica deportiva se siga manteniendo, ya que el deporte repercute positivamente en su ocupación laboral. Este aspecto es muy interesante, ya que si entre ellos hay un efecto negativo (15,79%), se propiciará un mayor abandono de la actividad deportiva, pues se entiende que no rinde en su responsabilidad diaria (trabajo, estudios, etc.,). En relación al género, encontramos datos muy parejos para ambos.

Tabla 62. Efecto de la practica del patinaje artístico sobre la ocupación laboral (n = 114).

Género	Casos	Positiva	Indiferente	Negativa
Femenino	n	55	21	15
	%	60.44%	23.08%	16.48%
Masculino	n	15	5	3
	%	65.22%	21.74%	13.04%
Total	n	70	26	18
	%	61.40%	22.81%	15.79%

Leyenda: *(Positiva) Positivamente: me ayuda en la vida, (Indiferente) No interfiere entre ellas, (Negativa) Negativamente: el deporte me quita tiempo.*

Otro de los indicadores que pueden ayudar a comprender la adhesión a este deporte es la formación específica que los deportistas tienen en su deporte. Un buen deportista, no sólo compite, sino que se forma en los contenidos de su deporte y modalidades, como es el caso. Entendemos que la formación específica también ayuda al deportista a conseguir mejores resultados.

En este apartado vemos (Tabla 63) como existe un bajo porcentaje (30,08%) de deportistas que presentan alguna formación específica a través de la formación en cursos deportivos de su federación (autonómica o estatal). Analizando el género, vemos que los hombres presentan un mayor porcentaje que las mujeres en cuanto a la formación.

Tabla 63. Posesión de una titulación deportiva específica.

Género	Casos	No	Sí
Femenino	n	79	27
	%	74.53%	25.47%
Masculino	n	14	13
	%	51.85%	48.15%
Total	n	93	40
	%	69.92%	30.08%

Leyenda: (No) No posee titulación deportiva específica, (Sí) Posee titulación específica deportiva.

Si analizamos la formación que estos deportistas presentan apreciamos (Tabla 64) que mayoritariamente son entrenadores auxiliares (33,33%), seguido de monitores (24,44%) y entrenador superior (13,33%). Encontramos menor porcentaje para la titulación de juez.

Tabla 64. Tipo de titulación deportiva específica que poseen los deportistas (n = 123).

Género	Casos	Monitor	E. Auxiliar	E. Superior	Juez A.	Juez N.	Juez I.	Otra
Femenino	n	7	8	5	1	1	0	7
	%	24.14%	27.59%	17.24%	3.45%	3.45%	0.00%	24.14%
Masculino	n	4	7	1	2	0	0	2
	%	25.00%	43.75%	6.25%	12.50%	0.00%	0.00%	12.50%
Total	n	11	15	6	3	1	0	9
	%	24.44%	33.33%	13.33%	6.67%	2.22%	0.00%	20.00%

Leyenda: (Monitor) Monitor de patinaje artístico, (E. Auxiliar) Entrenador auxiliar de patinaje artístico, (E. Superior) Entrenador superior de patinaje artístico, (Juez A.) Juez autonómico, (Juez N.) Juez Nacional, (Juez I.) Juez internacional, (Otra) Otra titulación.

En relación al género, observamos como hay un mayor porcentaje de entrenadores auxiliares hombres (43,75%) que mujeres (27,59%), mientras que éstas superan a los hombres en relación al título de entrenador superior (17,24%).

CONCLUSIONES

En el presente capítulo se presentan las conclusiones más relevantes obtenidas en el estudio presentado. Al igual que en los capítulos precedentes de fundamentación teórica y de exposición de los resultados, en busca de una mejor comprensión de las conclusiones, se seguirá la misma estructura en relación a los diferentes bloques:

- Inicios en la práctica deportiva.
- Entorno del entrenamiento.
- Motivos de práctica deportiva.
- Características del entorno del deportista.

1. CONCLUSIONES EN RELACIÓN A LOS INICIOS EN LA PRÁCTICA DEPORTIVA.

- Las deportistas mujeres se inician antes que los hombres en la práctica del patinaje y, también, en el patinaje artístico como modalidad deportiva.

- Mayoritariamente, los deportistas se inician en el patinaje artístico a través de un club deportivo que fomenta la práctica de este deporte.

- La formación principal del entrenador en los inicios deportivos pertenece al nivel I y III de titulaciones deportivas. Desgraciadamente, existe un porcentaje relevante (15.08%) de monitores sin formación.

- El 67,91% de los deportistas realiza un seguimiento médico de su práctica deportiva. En relación a este aspecto, las mujeres presentan mayor 22.22 puntos porcentuales que los hombres. Estos seguimientos se realizan principalmente al inicio y durante la temporada deportiva.

- Los deportistas consideran imprescindible (89,39%) el seguimiento médico para su evolución deportiva. Resulta alarmante que un 28.83% de los deportistas no realizan ningún tipo de valoración médica durante toda la temporada.

- Casi dos tercios de los deportistas (72.34%) no realiza ningún tipo de valoración inicial para valorar sus posibilidades como deportista de patinaje artístico. Este criterio es más alarmante en hombres que en mujeres. De los deportistas que realizan este tipo de pruebas, principalmente realizan pruebas de laboratorio organizadas por su club deportivo.

- Los mayores porcentajes de entrenamiento son en las pruebas de figuras obligatorias, patinaje libre y precisión. Estos mismos datos se corresponden con la especialización que muestran los deportistas.

2. CONCLUSIONES EN RELACIÓN AL ENTORNO DEL ENTRENAMIENTO.

- Casi todos los deportistas (88.06%) pagan por entrenar en patinaje artístico. Así mismo, los deportistas van al entrenamiento en su vehículo propio o familiar, con el aumento de gastos que ello supone.
- El 82.17% de los deportistas solamente realizan patinaje artístico, siendo un porcentaje muy escaso de los deportistas que simultanean uno o más deportes. De entre éstos, el 86.96% entrenan mayoritariamente patinaje artístico.
- Solamente el 16.54% de los deportistas realiza un control del entrenamiento. Mayoritariamente éste es realizado en hombres.
- El control del entrenamiento se realiza principalmente en la pista de entrenamiento y mayoritariamente se realiza de forma bimestral o trimestral.
- El entrenamiento medio de los deportistas se realiza durante 11 meses al año. En estas 48 semanas, se entrena a una media de 4 días a la semana, una sesión por día. Cada sesión presenta una duración de dos horas y media. Este volumen de entrenamiento es suficiente para el 73,88% de los deportistas.
- El trabajo de fuerza específica es realizado por el 34.53% de los deportistas. Éste es mucho mayor en hombres que en mujeres, debido a los elementos técnicos sobretodo en especialidades de pareja. Este entrenamiento se realiza mayoritariamente a través de un trabajo específico con pesas.
- Además del entrenamiento físico, se utilizan otros sistemas de aprendizaje como la visualización de video (31.84%), el entrenamiento psicológico (28.25%) y la dieta específica (20.63%).
- La pista de patinaje cubierta es la instalación preferentemente utilizada, también se utiliza ésta en su ubicación al aire libre. El gimnasio es utilizado habitualmente en los entrenamientos de los deportistas. La sala de musculación es la instalación que mayoritariamente no se utiliza.

- El deportista pertenece mayoritariamente (86.82%) a un club deportivo, aunque también se encuentra un pequeño porcentaje que pertenecen a escuelas municipales.

- Entre las instalaciones y materiales estudiados se valoran como imprescindibles la pista de patinaje (83.90%), el gimnasio (80.53%), la sala de musculación (43.19%), el material específico (75.51%), los medios audiovisuales (54.90%), los pulsímetros (17.39%), el ambiente de entrenamiento (84.04%) y la coreografía y música (98.25%)

- Las instalaciones valoradas como buenas son la pista de patinaje (77.39%), el material específico (49.04%) junto con la coreografía y la música (75.68%). Como regulares se valora el gimnasio (80.53%) y el ambiente de entrenamiento (51.04%). Mayoritariamente, no existe en sus entrenamientos la sala de musculación (57.58%), los medios audiovisuales (44.07%) y los pulsímetros (73.08%).

3. CONCLUSIONES EN RELACIÓN A LOS MOTIVOS DE PRÁCTICA DEPORTIVA.

- El principal motivo para la práctica del patinaje artístico es el gusto por este deporte (44.09%), seguido de la actitud familiar (25.00%). Mayoritariamente estos datos coinciden con los motivos del género femenino, mientas que en hombres, son inversos, valorando más la actitud familiar que el gusto por el deporte.

- Con respecto a las motivaciones que se tienen para seguir practicando este deporte, se destaca el gusto por el deporte (25.50%), seguido de la diversión (17.47%), la evasión y/o liberación del estrés (13.05%) y sus amistades (12.85%).

- La mayoría de los deportistas manifiestan que están a medias o en camino de conseguir sus expectativas como deportista (74.44%).

- Existe un equilibrio porcentual en cuanto a la participación en campeonatos nacionales, continentales o mundiales. Sin embargo, como cabía esperar, se consiguen mayor número de medallas a nivel nacional, que continental y que a nivel mundial.

4. CONCLUSIONES EN RELACIÓN A LAS CARACTERÍSTICAS DEL ENTORNO DEL DEPORTISTA.

- Los padres muestran una práctica deportiva en su juventud (60,32%) en otros deportes diferentes al patinaje artístico sobre ruedas. Es muy escaso el porcentaje de padres que han realizado patinaje artístico en su juventud o una modalidad afín a este deporte.

- Las madres muestran una menor práctica deportiva que los padres en su juventud, sin embargo hay una mayor afinidad a la práctica del patinaje artístico (13,82%).

- La familia es un factor fundamental en la práctica deportiva de los patinadores, sobre todo en las mujeres, donde manifiestan una valoración muy favorable hacia la práctica de este deporte.

- La principal formación del entrenador, tal y como lo demanda el nivel de competición analizado, presenta la titulación de Entrenador Superior de Patinaje Artístico sobre Ruedas. Hay que destacar que existen licenciados en Educación Física también están presentes (20,13%) en este cargo, con las responsabilidades que presenta.

- El entrenador es valorado como imprescindible en el 86,41% de los casos, para poder progresar en sus objetivos. Éste es valorado más por los hombres que las mujeres.

- En relación a su entrenador actual, valoran su trabajo como bueno en el 71,84% de los casos, mayor en los hombres que en las mujeres.

- La principal formación que presenta el seleccionador es la de Entrenador Superior de Patinaje Artístico sobre Ruedas, este porcentaje es mayor en los hombres (72,00%) que en las mujeres (50,00%).

- La mayoría de los patinadores (96,45%) entrenan en grupo, y sus compañeros principalmente realizan el mismo deporte (90,54%). De entre éstos, consideran que tienen el mismo nivel que el deportista. Sólo un 4,80% manifiesta tener mayor nivel que sus compañeros de entrenamiento.

- Las principales amistades de estos deportistas son compañeros que, en parte sí y en parte no realizan deporte. Debemos destacar un alto porcentaje de deportistas que realizan deporte (31,43%). El 19,29% son amistades que practica la misma disciplina deportiva.

- La percepción que tienen los deportistas de sus amistades por la realización de la práctica deportiva es buena (79,13%), valorándola como muy buena casi la mitad de los patinadores.

- La formación que presentan estos deportistas de forma mayoritaria es la Enseñanza Secundaria, existiendo un porcentaje relevante en la Formación Profesional.

- El 72,83% de los deportistas manifiestan interés por estudiar una carrera universitaria, que se imparte en la misma ciudad de residencia.

- La principal ocupación de los deportistas de patinaje artístico sobre ruedas es la de estudiante, encontrando un 33,72% de ellos que son trabajadores contratados en alguna empresa. Mayoritariamente, éstos y los trabajadores profesionales, desarrollan su trabajo en su ciudad de residencia, donde suelen entrenar este deporte.

- Los deportistas manifiestan una relación positiva entre la práctica deportiva y su respectiva ocupación, siendo esta favorable en el 61,40% de los casos. Sólo un 15,79% manifiesta que ésta es negativa, perjudicando su entrenamiento en su ocupación laboral.

- Sólo un 30,08% de los deportistas manifiesta tener alguna titulación deportiva específica, que principalmente es la de entrenador auxiliar (33,33%) de patinaje artístico y la de monitor (24,44%).

REFERENCIAS BIBLIOGRÁFICAS

a) BIBLIOGRAFÍA REFERENCIADA

Abraldes, J.A. (2005). Estudio de los factores que influyen en el proceso de formación deportiva en salvamento y socorrismo. International Lifesaving Congreso (Pp. 1-20). Alicante: Federación Española de Salvamento y Socorrismo.

ACSM (2005). ACSM´s resource manual for guidelines for exercise testting and prescription (5th edition). Baltimore: Lippincott Williams & Wilkins.

Ahrabi-Fard, I., y Matvienko, O. (2005). Promoción de educación activa de la actividad física orientada a la salud en clases de educación física. Cultura, Ciencia, y Deporte, 1(3): 163-170.

Álamo, J.M., Amador, F., y Pintor, P. (2002). Función social del deporte escolar. El entrenador del deporte escolar. Lecturas: Educación física y deportes, 45. Disponible en http://www.efdeportes.com/efd45/escolar.htm

Añó, V. (1997). Planificación y organización del entrenamiento juvenil. Madrid: Gymnos.

Bayer, C. (1986). La enseñanza de los juegos deportivos colectivos. Barcelona: Hispano Europea.

Blázquez, D. (1995). La iniciación deportiva y el deporte escolar. Barcelona: INDE.

Blázquez, J. (2000). Programación de unidades didácticas según ambientes de aprendizaje. INDE. Barcelona.

Bompa, T. O. (2000). Total training for young champions. Champaign: Human Kinetics.

Bouchard, C. (1991). Heredity and the path to overweight and obesity. Medicine and Science in Sports and Exercise, 23, 285-291

Brown, J. (2001). Sports talent. Champaign: Human Kinetics.

Cohen, R. (1998). Principios fundamentales para una escuela integral de fútbol base. Training fútbol, 25, 30-41.

Cometti, G. (1998). Los métodos modernos de musculación. Barcelona: Paidotribo.

Cruz, J. (1997). Factores motivacionales en el deporte infantil y asesoramiento psicológico a entrenadores y padres. En J. Cruz (Ed.), Psicología del Deporte (pp.147-166). Madrid: Síntesis.

De Marimont, J. (1997). Los sistemas praxiológicos adaptativos. En actas Encuentro de praxiología motriz. Las Palmas.

Devís, J. (1996). Educación física, deporte y curriculum. Investigación y desarrollo curricular. Visor. Madrid.

Díaz, J. (1993). Voleibol. Un programa de escuelas deportivas. Cádiz: Servicio de Deportes de la Diputación de Cádiz.

Dosil, J. (2004). Psicología de la actividad física y del deporte. Madrid: McGraw-Hill.

Durand, M. (1988). El niño y el deporte. Barcelona. Paidós-M.E.C.

Feu, S. (2002). Influencia del contexto en los elementos del proceso de enseñanza aprendizaje en la iniciación deportiva. Lecturas: Educación Física y Deportes, 52. Extraído el 10 de Diciembre, 2002 de http://www.efdeportes.com/efd52/contex.htm.

Garcés de los Fayos, E. J. (2004). Burn-out en deportistas. Propuesta de un sistema de evaluación e intervención integral. Madrid, Editorial EOS.
García-Manso, J. M., Campos, J., Lizaur, P., y Pablo, C. (2003). Formación de elites deportivas: el talento deportivo. Madrid: Gymnos.
Giménez, F. J. (2003). La formación del entrenador en la iniciación al baloncesto. Sevilla: Wanceulen
González-Oya, J., y Dosil, J. (2003). Comparación de las habilidades psicológicas de
Gould, D. (1982). Sport psychology in the 1980s: Status, direction, and challenge in youth sport research. Journal of Sport Psychology, 4, 203-218.
Hahn, E. (1988). Entrenamiento con niños. Barcelona: Martínez Roca.
Hernández, J. (2000) La iniciación a los deportes desde su estructura y su dinámica. INDE. Barcelona.
Hernández, J. L., y Velázquez, R. (1996). La actividad física y deportiva extraescolar en los centros educativos. Ministerio de Educación y Ciencia. Madrid.
Hernández, L. (1999). Análisis praxiológico de la estructura funcional del balonmano. Revista de Entrenamiento Deportivo, 1(12), 19-27.
Jiménez, F. J., Rodríguez, J. M., y Castillo, E. (2002). Necesidad de formación psicopedagógica de los entrenadores deportivos. Revista Ágora Digital, 2. Disponible en http//www.uhu.es/agora/digital/numeros /02/02-articulo.../Jiménez-Rodríguez-castillo.htm
Klint, K., y Weiss, M. (1987). Perceived competence and motives for participating in youth sports: A test of Harter's Competence Motivation. Journal of Sport Psychology, 9, 55-65.
Lagardera, F. y Lavega, P. (2003). Introducción a la praxiología motriz. Paidotribo ed. Barcelona.
Le Boulch, J. (1991). El deporte educativo. Buenos Aires: Paidos.
Leyva, R. (2003). La selección de talentos deportivos. Criterios para asegurar su eficacia. Lecturas: Educación física y deportes, 61. Disponible en http://www.efdeportes.com/efd61/talento.htm
Magno, J. (2002). Contribuciones de la praxiología motriz para la Educación Física escolar: enseñanza fundamental. Trabajo presentado en el VII Seminario Internacional de Praxiología Motriz, Lérida, España.
Martens, R. (1997). Successful Coaching. Champaign: Human Kinetics.
Meinel, K. y Schnabel, G. (1988): Teoría del movimiento. Motricidad deportiva. Buenos Aires: Stadium
Montiel, A. (1997). Treinador: técnico o formador. Treino desportivo, 97, 11.
Moreno, P., y Del Villar, F. (2004). El entrenador deportivo. Manual práctico para su desarrollo y formación. Barcelona: Inde.
Morilla, M., Gamito, J. M., Gómez, M. A., Sánchez, J.E. y Valiente, M. (2004). Estudio de las dificultades que encuentran los deportistas jóvenes de élite en el desarrollo de su vida personal, social, académica y deportivo-competitiva. Lecturas: Educación física y deportes, 74. Disponible en http://www.efdeportes.com/efd74/elite.htm
Olmedilla, A., Lozano, F. J., y Garcés de los Fayos, E. J. (2001). La participación deportiva en el desarrollo psicológico del niño/a: características fundamentales. El Libro de Actas del XIX Congreso Nacional de Educación física (pp. 813-826). Murcia: Universidad de Murcia.

Palao, J.M., Ortega, E., Calderón, A. y Abraldes, J.A. (2008). Características del proceso de formación deportiva en Atletismo Español. Estudio descriptivo de los Campeonatos de España de la Juventud (años 1997 y 2003). Murcia: Diego Marín.

Parlebas, P. (1981). Contribution à un lexique commenté em science de l´action motrice. París: INSEP.

Parlebas, P. (2001). Juegos, deporte y sociedad. Léxico de Praxiología Motriz. Ed. Paidotribo. Barcelona.

Portí, G. (2001). Las modalidades de escalada. VI Seminario Internacional de praxiología motriz. Madrid.

Prata, C. (1998). Treinador de jovens. Ideas, formaçao, problemas. Treino Desportivo, 1, 15-20.

Ruiz, G. (1996). Análisis praxiológico de la estructura del tenis. Comparación de las acciones de juego en la modalidad singles y dobles masculina sobre superficie de tierra batida. Tesis doctoral. Universidad de Las Palmas de Gran Canaria, Las Palmas de Gran Canaria, España.

Sáenz-López, P. (1997). La Educación Física y su didáctica: manual para el profesor. Wanceulen. Sevilla.

Salguero, A., Tuero, C., y Márquez, S. (2003). Adaptación española del cuestionario de causas del abandono en la práctica deportiva: validación y diferencias de género en jóvenes nadadores. Lecturas: Educación física y deportes, 56. Disponible en http://www.efdeportes.com /efd56/aband.htm

Salmela, J. (1994). Phases and transitions across sport careers. In D. Hackfort (ed.), Psycho-Social Issues and Interventions in elite sports (pp. 11-28). Frankfurt am Main: Lang.

Sánchez-Bañuelos, F. (1984). Bases para una didáctica de la Educación Física y el deporte. Madrid: Gymnos.

Santos, J. A., Vician, J. y Delgado, M. A. (1996). La actividad física y deportiva extraescolar en los centros educativos. Voleibol. Ministerio de Educación y Cultura. Madrid: Consejo Superior de Deportes.

Saura, J. (1996). El entrenador en el deporte escolar. Lleida: Institut d´Estudis Ilerdencs.

Seybold, A. (1974). Principios pedagógicos en la Educación Física. Buenos Aires: Kapelusz.

Smith, A. L. (1999). Perceptions of peer relationships and physical activity participation in early adolescence, Journal of Sport and Exercise Psychology, 21, 329-350.

Smoll, F. L., y Smith, R. E. (1999). Sports and your child. Washington: Warde.

Velásquez, R. (2003). Sobre la edad apropiada para el comienzo de la práctica deportiva. Lecturas: Educación física y deportes, 57. Disponible en http://www.efdeportes.com/efd57/edad.htm

Velázquez, R. (2000). ¿Existe el deporte educativo?. Un ensayo en torno a la supuesta naturaleza educativa del deporte; en La Formación inicial y permanente del profesor de Educación Física. Actas del XVIII Congreso Nacional de Educación Física, pp. 481-492 (Ciudad Real, 20-23 de septiembre de 2000). Universidad de Castilla-La Mancha. Cuenca.

Velázquez, R. (2001). Deporte, institución y educación. Lecturas: Educación física y deportes, 41. Disponible en http://www.efdeportes.com /efd41/depeduc.htm

Weinberg, R. S., y Gould, D. (1996). Fundamentos de Psicología del Deporte y el ejercicio físico. Barcelona: Ariel.

Weiss, M. R. y Stuntz, C. P. (2004). A little friendly competition: peer relationships and psychosocial development in youth sport and physical activity contexts. En M.R. Weiss (Ed.), Developmental Sport and Exercise Psychology: a lifespan perspective (pp. 35-66). Morgantown: FIT.

Williams, J. Y., y Wilson, S. (1998). Coaching and playing. Indianapolis: Master Press.

b) BIBLIOGRAFÍA COMPLEMENTARIA Y DE INTERÉS.

American Sport Education Program (2000). Officiating youth sport instructor kit (cd-rom y vídeo). Champaign: Human Kinetics.

Antón, J. L. (1997). Apuntes del I Curso sobre entrenamiento deportivo en edad escolar. Málaga: Instituto Andaluz del Deporte.

Baker, J., y Côté, J. (2003). Sport-Specific practice and the development of expert decision-making in team ball sports, Journal of Applied Sport Psychology, 15, 12-25.

Bandura, A. (1999). Autoeficacia: Como afrontamos los cambios de la Sociedad actual. Bilbao: Desclée de Brouwer, S.A.

Bompa, T. O. (1997). Periodization: Training for sports. Champaign: Human Kinetics.

Campos, J. (1995). Determinantes sociales de los procesos de detección de talentos en el deporte. El caso del atletismo español. Tesis doctoral. Ciencias de la Educación. Universidad de Barcelona.

Calderón, A. (2007). Incidencia de las forma de organización sobre la cantidad y calidad de la práctica, el feedback impartido, la percepción de satisfacción, y el aprendizaje, en la enseñanza de habilidades atléticas. [Tesis doctoral]. Universidad Católica San Antonio de Murcia.

Campos, J. (1997). Análisis de los determinantes sociales que intervienen en el proceso de detección de talentos en el deporte. Investigaciones en ciencias del deporte, 3, pp. 7-68.

Castejón, F. J. (2003). Iniciación deportiva: La enseñanza y el aprendizaje comprensivo en el deporte. Sevilla: Wanceulen.

Castejón, F. J. (2004). Una aproximación a la utilización del deporte en la educación. Lecturas: Educación física y deportes, 73. Disponible en http://www.efdeportes.com/efd73/deporte.htm

Castejón, F. J. (2005). Una aproximación a la utilización del deporte. El proceso de enseñanza aprendizaje. Lecturas: Educación física y deportes, 80. Disponible en http://www.efdeportes.com/efd80/deporte.htm

Castejón, F. J., y López-Ros, V. (1997). Iniciación deportiva. En F. J. Castejón (Ed.), Manual del maestro especialista en Educación Física (pp. 137-172). Madrid: Pila Teleña.

Contreras, O. R., De la Torre, E., y Velázquez, R. (2001). Iniciación deportiva. Madrid: Síntesis.
Delgado M., Gutiérrez, A., y Castillo, M. J. (1997). Entrenamiento físico deportivo y alimentación. Paidotribo. Barcelona.
Delgado, M. (1999). El baloncesto como actividad físico-deportiva orientada a la salud en la infancia y adolescencia. En F.J. Giménez y P. Sáenz-López (Eds), Análisis de la iniciación al baloncesto (pp.35-58). Huelva: Diputación de Huelva.
Delgado, M. y Tercedor, P. (2002). Estrategias de intervención en educación para la salud desde la Educación Física. Barcelona: Inde publicaciones.
Digel, H. (2005). Comparison of succesful sport systems. New Studies in Athletics. 20 (2); 7-18.
Dosil, J. (2003). La función educativa del árbitro y juez deportivo. En F. Guillen (Dir.), Psicología del arbitraje y el juicio deportivo (pp.133-160). Barcelona: Inde. tween multidimensional performance characteristics an level of performance in talented youth field hockey players. Journal of Sports Sciences, 22, 1053-1063.
Fernández, J. C., Chinchilla, J. L., Reina, A., y Escobar, R. (2003). Evaluación de la velocidad máxima en jóvenes atletas. Lecturas: Educación física y deportes, 61. Disponible en http://www.efdeportes.com /efd61/veloc.htm
Ferrer, V. (1998). Repercusiones de la cortedad isquiosural sobre la pelvis y el raquis lumbar. Tesis doctoral. Universidad de Murcia.
Gallahue, D. L.; y Ozmun, J. G. (2002). Undertanding motor development. New York, Mc Graw Hill.
Gil, F., Arroyaga, M., y De la Reina, L. (1997). Atletismo. Madrid: Ministerio de Educación y Cultura.
Gimeno, F. (2000). Entrenado a padres y madres... Claves para una gestión eficaz de la relación con los padres y madres de jóvenes deportistas. Guía de habilidades sociales para el entrenador. Zaragoza: Mira Editores.
González, F. (2001). Educar en el deporte. Madrid: Editorial CCS.
González, L. E., González, J., y Lozano, F. J. (2002). Papel de la psicología en la actividad física y el deporte en edades tempranas: cuestiones fundamentales. En A. Olmedilla, E.J. Garcés de los Fallos y G. Nieto (coord.), Manual de Psicología del Deporte (pp.351-369) Murcia: Diego Marín.
Helsen, W. F., Starkes, J. L., y Hodges, N. J. (1998). Team sports and the theory of deliberate practice, Journal of Sport and Exercise Psychology, 20, 12-34.
Hernández-Moreno, J. (1988). Baloncesto: Iniciación y entrenamiento. Barcelona: Paidotribo.
Hodges, N. J., y Starkes, J. L. (1996). Wrestling with the nature of expertise; a sport specific test of Ericsson, Krampe and Tesch-Roemer's (1993) theory of deliberate practice, International Journal of Sport Psychology, 27(4), 400-424.
Joch, W. (1994). Das sportliche talent: talenterkennung - talentförderung - talentperspeltiven. Aechen: Meyer und Meyer.
López, J. (1995). Entrenamiento temprano y captación de talentos en el deporte. En D. Blázquez (Dir.), La iniciación deportiva y el deporte escolar (pp. 207-247). Barcelona: Inde.
López-Miñarro, P. A. (2000). Ejercicios desaconsejados en la actividad física. Detección y alternativas. Barcelona: Inde.

Lorenzo, A. (2001). La planificación a largo plazo del deportista dentro del proceso de detección y selección de talentos. Lecturas: Educación física y deportes, 38. Disponible en http://www.efdeportes.com/efd38/talent.htm

Martens, R., Christina, R., Harvey, J., y Sharkey, B. (1995) El Entrenador (2ª edición). Barcelona: Hispano Europea.

Martin, D. (2004). Metodología general del entrenamiento infantil y juvenil. Barcelona: Paidotribo.

Martín, D., Nicolaus, J., Ostrowski, C., y Rost, K. (2004). Metodología general del entrenamiento infantil y juvenil. Barcelona: Paidotribo.

Méndez-Giménez, A. (2005). Técnicas de enseñanza en la iniciación al baloncesto. Barcelona: Inde.

Ministros Europeos del Deporte (1993). Carta Europea del Deporte 1992. Málaga: Unisport-Junta de Andalucía.

Moreno, F. (2004). Balonmano, detección, selección y rendimiento de talentos. Madrid: Gymnos.

Navarro, F. (1992). La detección y selección de talentos deportivos. Conferencia realizada en el Congreso Nacional La educación Física en el siglo XXI.

Olmedilla, A. y Andreu, M. D. (2002) Propuesta de intervención para el control de hábitos alimentarios en deportistas jóvenes. Cuadernos de Psicología del Deporte, 2 (2), 13-28.

Ortega, E. Piñar, M. I., y Cárdenas, D. (1999). El estilo de juego de los equipo de baloncesto en las etapas de formación. Granada: Ortega, Piñar y Cárdenas.

Palao, J. M. (2002). Pasos a seguir en la iniciación y formación deportiva. En A. Olmedilla, A. (Editor), II Encuentro Interdisciplinar de las Ciencias en el Deporte, Beniel (Spain).

Pintor, D. (1989). Objetivos y contenidos de la formación deportiva. En J. Antón (Coord.), Entrenamiento Deportivo en la Edad Escolar (pp.155-185). Málaga: Instituto Andaluz del Deporte.

Platonov, V. N. (1988). El entrenamiento deportivo. Planificación y programación. Barcelona: Martínez Roca.

Platonov, V. N. (1993). El entrenamiento deportivo. Teoría y metodología. Barcelona: Paidotribo.

Powers, S. K., y Howley, E. T. (2004). Exercise physiology: Theory and application to fitmet and performance. New York: Mc Graw Hill.

Real Academia de la Lengua Española (2001). Diccionario de la lengua española (22ª edición). Madrid: Real Academia de la Lengua Española.

Real Federación Española de Atletismo (2004). Normativa de competición. Madrid: RFEA.

Rodríguez, P. L. (2001). Deporte escolar y salud. En IV Seminario sobre salud en el deporte escolar (pp.1-23). Murcia: Servicio Municipal de Deporte.

Romero, S. (2001). Iniciación deportiva. Actas del IV Congreso Mundial de Bádminton. IBF & IAD. Sevilla.

Ruiz-Pérez, L. M. (1994). Deporte y aprendizaje. Procesos de adquisición y desarrollo de habilidades. Madrid: Visor Distribuciones S.A.

Sáenz-López, P., Ibáñez, S. J., Jiménez, J., Sierra, A., y Sánchez, M. (2005). Multifactor characteristics in the process of development of the male expert basketball player in Spain, International Journal of Sport Psychology, 36, 151-171.

Sáenz-López, P., Jiménez, F. J., Sierra, A., Ibáñez, S., Sánchez, M., y Pérez, R. (2005). Factores que determinan el proceso de formación del jugador de baloncesto. Lecturas: Educación física y deportes, 80. Disponible en http://www.efdeportes.com/efd80/basket.htm

Sainz de Baranda, P. (2002). Educación física, salud y actividad extraescolar: programa para la mejora del raquis en el plano sagital y extensibilidad isquiosural en enseñanza primaria. [Tesis Doctoral]. Universidad de Murcia.

Sánchez, C., Requena, B., y Zabala, M. (2003). Determinación del perfil antropométrico de jóvenes corredores de mediofondo de élite. Lecturas: Educación física y deportes, 58. Disponible en http://www.efdeportes. com/efd58/mediof.htm.

Sánchez, M. (2002). El proceso de llegar a ser experto en baloncesto: Un enfoque psicosocial. Tesis doctoral, Universidad de Granada.

Sánchez-Bañuelos, F. (1996). La actividad física orientada hacia la salud. Madrid: Biblioteca Nueva.

Sans, A. (1993). Entrenamiento en el fútbol base. Barcelona: Paidotribo.

Simon, H. A., y Chase, W. G. (1973). Skill in chess, American Scientist, 61, 394-403.

Ulloa, J. (2003). Los lanzamientos en atletismo: las etapas de una iniciación temprana. ¿Cuándo comenzar?. Lecturas: Educación física y deportes, 57. Disponible en http://www.efdeportes.com/efd57/lanz.htm.

Valades, D. y Palao, J. M. (2000). Iniciación deportiva a través de escuelas multi y pre deportivas. En E. García, y col. (editores). Innovaciones y nuevas perspectivas en la didáctica-entrenamiento de los deportes colectivos y la formación de jugador de base (pp. 153-160). Granada: Universidad Granada & FCCAFD.

Vasconcelos, A. (2000). Planificación y Organización del Entrenamiento Deportivo. Barcelona: Paidotribo.

Williamn, A. M., y Reilly, T. (2000). Searching for the stars. Journal of sport Sciences, 18, 655-775.

Witting, A. F., Duncan, S. L., y Schurr, K. T. (1987). The relationship of gender, gender-role endorsement and perceived physical self-efficacy to sport competition anxiety. Journal of Sport Behavior, 10(4), 192-199.

ANEXOS

A continuación se detallan los anexos referenciados en el presente estudio. Éstos son:

Anexo I.
Carta de solicitud para realizar la investigación.

Anexo II.
Consentimiento informado.

Anexo III.
Hoja de seguimiento y control.

Anexo IV.
Modelo de cuestionario en castellano.

Anexo V.
Modelo de cuestionario en inglés.

Anexo VI.
Modelo de cuestionario en italiano.

Anexo VII.
Índice de tablas.

Anexo VIII.
Índice de ilustraciones.

Murcia, 30 de octubre de 2006

A/A:
- Real Federación Española de Patinaje (FEP)
- Comité Organizador del Campeonato del Mundo de Patinaje Artístico

Estimados señores:

Con vista a la celebración del "51 Campeonato del Mundo de Patinaje Artístico – Murcia 2006", que se disputará en Murcia durante los meses de noviembre y diciembre, nos gustaría proponer, en la medida de las posibilidades, la realización de un proyecto de investigación.

El equipo de investigación al que pertenezco "Iniciación Deportiva", perteneciente a la Universidad Católica San Antonio de Murcia (UCAM), estaría interesado en llevar a cabo un estudio sobre los aspectos de iniciación, formación, entrenamiento y entorno de los deportistas que participan en dichos campeonatos.

Esta oportunidad es única e inmejorable, y nos permitirá estudiar a los deportistas de más alto nivel técnico, pudiendo sacar datos relevantes sobre su evolución y características de la vida deportiva.

Hemos llevado a cabo estudios similares en otras competiciones deportivas (atletismo, baloncesto, salvamento, etc.) y nos hemos adaptado perfectamente a la organización y desarrollo del campeonato, de tal forma que los deportistas ni la organización sufra ningún tipo de modificación por este menester.

Por ello, les planteamos la posibilidad de aumentar nuestra muestra con los participantes del 51 Campeonato del Mundo de Patinaje Artístico, y poder ampliar nuestra investigación en el campo de estudio al que estamos dedicados.

Esperando que esta propuesta sea de su interés se despide atentamente,

Dr. José Arturo Abraldes Valeiras

Vicerrectorado de Investigación
Servicio de Infraestructuras Científico-Técnicas
Departamento de Ciencias de la Salud y del Deporte

CONSENTIMIENTO INFORMADO

Yo,..., con DNI:......................:

DECLARO:

1.-) Que soy responsable del grupo / equipo / selección:..........................
2.-) Haber sido suficientemente informado/a del estudio y procedimientos sobre *Factores de Iniciación Deportiva en el Patinaje Artístico*, que se desarrolla en el Campeonato de Mundo de Patinaje Artístico a celebrar en Murcia (2006). Asimismo, he podido hacer preguntas sobre el estudio, comprendiendo que me presto de forma voluntaria al mismo y que en cualquier momento puedo abandonarlo sin que me suponga perjuicio de ningún tipo y sin tener que dar explicaciones.

CONSIENTO:

1.-) Libremente en participar en dicha investigación y distribuir e informar de la misma a los deportistas de mi grupo.
2.-) La participación voluntaria de todos mis deportistas en la presente investigación.
3.-) El uso de los datos obtenidos según lo indicado en el párrafo siguiente:

> *"En cumplimiento de la Ley Orgánica 15/1999, de 13 de diciembre, de Protección de Datos de Carácter Personal, le comunicamos que la información que ha facilitado y la obtenida como consecuencia de los cuestionarios del estudio Factores de Iniciación Deportiva en el Patinaje Artístico, que va a realizar, pasará a formar parte del fichero automatizado, cuyo titular es la Fundación Universitaria San Antonio (Universidad Católica San Antonio de Murcia, UCAM), con la finalidad de investigación y docencia en las áreas de conocimiento de la actividad física y el deporte. Tiene derecho a acceder a esta información y cancelarla o rectificarla, dirigiéndose al domicilio de la entidad, en Avda. de los Jerónimos de Guadalupe 30107 (Murcia). Esta entidad le garantiza la adopción de las medidas oportunas para asegurar el tratamiento confidencial de dichos datos.*

Para que quede constancia, a los efectos oportunos, se firma el presente consentimiento en Murcia, a 27 de noviembre de 2006

Fdo.:.......................................

UCAM. Departamento de CC. de la Actividad Física y del Deporte.
Campus de los Jerónimos. 30107 GUADALUPE (Murcia)
Tel.: (34) 968 27 88 24– Fax: (34) 968 27 86 58. E-mail: educacionfisica@ucam.edu

SEGUIMIENTO Y CONTROL DE CUESTIONARIOS

SELECCIÓN	Nº TEST	FECHA ENTREGA	LUGAR ENTREGA	FECHA DE RECOGIDA	LUGAR DE RECOGIDA

Registrar el nombre y teléfono del responsable de la selección o país por detrás de esta hoja.

CUESTIONARIO PARA DEPORTISTAS

El presente cuestionario forma parte de un trabajo de investigación que se está realizando en la Universidad Católica San Antonio de Murcia (UCAM) y que cuenta con el apoyo de la Federación Española de Patinaje (FEP). El estudio pretende conocer las características y circunstancias que rodean a los deportistas en sus entrenamientos y en la competición.

Dado que el cuestionario es anónimo, **te rogamos contestes con la mayor sinceridad**, pues los datos obtenidos son de relevancia para el conocimiento de nuestro deporte. Para cumplimentarlo marca los cuadros de las opciones que se plantean en cada pregunta, teniendo en cuenta que, **excepto cuando se indique, sólo deberás marcar una respuesta**. Cuando sea necesario, escribe sobre las líneas con letra clara.

Selección: _____ **Género:** ☐ Femenino ☐ Masculino **F. Nacimiento:** __/__/__ **Peso:** ___ **Altura:** ___

Lugar Nacimiento: _____ **Provincia:** _____ **Lugar Residencia Habitual:** _____ **Provincia:** _____

Edad de inicio en el Patinaje (General): _____

Edad de inicio en el Patinaje Artístico: _____

¿Qué razón/es te llevaron a practicar Patinaje Artístico?. (Señala más de una opción si es necesario):
- ☐ Por los amigos.
- ☐ Por la familia.
- ☐ Por que se me da bien.
- ☐ Por existir en club.
- ☐ Por el monitor / entrenador.
- ☐ Otras ¿Cuáles?:
- ☐ Por que me gustaba.

¿En qué tipo de escuela / club / institución te iniciaste en el Patinaje Artístico y en cuál estás actualmente?. (Señala con una X):

	Inicios	Actualidad
Club Escolar / Colegio.		
Club Deportivo Federado.		
Escuela Deportiva Municipal.		
Otras ¿Cuál?:		
No sé / No recuerdo.		

¿Cuántos entrenadores diferentes has tenido en tu carrera deportiva de Patinaje Artístico hasta la actualidad?. (Con una duración en el cargo superior a cuatro meses): _____

¿Cuál era la titulación de tu primer entrenador, cuál la de tu entrenador actual y cuál la de tu seleccionador nacional?. (Señala, con una X, más de una opción si es necesario):

Entrenador:	Primer	Actual	Selección
Sin Titulación Deportiva.			
Monitor Patinaje.			
E. Auxiliar Patinaje.			
E. Superior Patinaje.			
Diplomado E. Física.			
Licenciado E. Física.			
No sé / No recuerdo.			
Otro. ¿Cuál?:			

Cuándo comenzaste a entrenar como mínimo tres veces por semana, ¿hiciste o te hicieron algún test o prueba de aptitud deportiva para ver tus posibilidades como deportista?: ☐ No. ☐ Sí.

Si has contestado afirmativamente a la pregunta anterior, indica el tipo de prueba realizada. (Señala más de una opción si es necesario):
- ☐ Pruebas de laboratorio (cicloergometro, tapiz,...).
- ☐ Pruebas en pista (test velocidad, resistencia, fuerza..).
- ☐ Otras. ¿Cuáles?: _____

Si has contestado afirmativamente a la pregunta anterior, indica quién las realiza. (Señala más de una opción si es necesario):
- ☐ Yo, por iniciativa propia.
- ☐ Club Deportivo de otro deporte.
- ☐ Club Patinaje artístico al que pertenezco.
- ☐ En concentraciones con Selección Autonómica.
- ☐ En concentraciones con Selección Española.
- ☐ Otras. ¿Cuáles?: _____

¿Cuántos años llevas entrenando P. Artístico?: _____
¿Cuántos meses entrenas al año?: _____
¿Cuántos días entrenas a la semana?: _____
¿Cuántas horas entrenas al día?: _____
¿Cuántas sesiones realizas a la semana?: _____
En tu opinión ¿es suficiente?: ☐ No. ☐ Sí.

Con respecto al lugar de entrenamiento, indica cuando entrenas en los siguientes ámbitos. (Señala con una X):

	Nunca	Ocasional-mente	Habitual-mente	Siempre
Pista Cubierta				
Pista Aire Libre				
Gimnasio				
Sala musculación				
Otro. ¿Cuál?:				

¿Cómo entrenas?:
☐ Sólo. ☐ En grupo.
   ¿Con quién?. (Señala más de una opción si es necesario):
      ☐ Deportistas de Patinaje Artístico.
      ☐ Deportistas de otras modalidades de patinaje.
      ☐ Deportistas de otro deporte.
   ¿Cómo es su nivel con respecto al tuyo?. (Indica uno, el más representativo):
      ☐ Inferior.
      ☐ Igual.
      ☐ Superior.

Indica qué pruebas específicas prácticas en tus entrenamientos y cuáles son tu especialidad. (Señala, con una X, más de una opción si es necesario):

MODALIDADES	Entreno	Especialista
Figuras Obligatorias		
Libre		
Combinado		
Parejas Artístico		
Parejas Danza		
Precisión		
En línea		

¿Realizas trabajo de fuerza de forma específica?:
   ☐ No. ☐ Sí. **¿Desde qué año?:** _____

Si has contestado afirmativamente a la pregunta anterior, indica de que forma. (Señala más de una opción si es necesario):
      ☐ Con pesas.
      ☐ Con gomas.
      ☐ Arrastres, cargas...
      ☐ Otras. ¿Cuáles?: _____

Indica si, además del entrenamiento físico, realizas otro tipo de entrenamiento / preparación. (Señala con una X aquellas que realices).
   ☐ Realizo o realizamos reuniones puntuales en las que efectuamos un análisis del reglamento deportivo.
   ☐ Visualizo o visualizamos vídeos, conjuntamente con el entrenador, de otros deportistas y/o competiciones, con ánimo de analizar las técnicas empleadas y, si cabe, mejorar las nuestras.
   ☐ Practico o practicamos algún tipo de entrenamiento psicológico previo a competiciones, dirigido o apoyado por el entrenador o un especialista.
   ☐ Me/nos recomiendan u obligan (entrenador) a llevar algún tipo de dieta (nutrición) previo a las competiciones.
   ☐ Otros. ¿Cuáles?: _____

¿Realizas actualmente algún tipo de prueba para valorar tu progresión en el entrenamiento?:
☐ No. ☐ Sí.
   ¿Cuál?. (Señala más de una opción si es necesario):
      ☐ Pruebas de laboratorio (cicloergometro, tapiz,...).
      ☐ Pruebas en pista (test velocidad, resistencia,...).
      ☐ Otras. ¿Cuáles?: _____
   ¿Con qué frecuencia?:
      ☐ Una vez al mes o menos. ☐ Una vez por bimestre.
      ☐ Una vez por trimestre. ☐ Una vez por semestre.
      ☐ Una vez al año. ☐ Otro. ¿Cuál?: _____

¿Realizas algún tipo de seguimiento médico regular?:
☐ No. ☐ Sí.
   ¿Cuántos has realizado durante la temporada?: _____
   ¿Cuándo?. (Señala más de una opción si es necesario):
      ☐ En el inicio de la temporada.
      ☐ Durante la temporada.
      ☐ Al final de temporada.
      ☐ Esporádicamente.
   ¿Por qué?. (Señala el motivo principal):
      ☐ Por voluntad propia.
      ☐ Recomendación del club al que pertenezco.
      ☐ Otro: _____

Valora los siguientes aspectos relacionados con tus entrenamientos e indica si para ti son o no imprescindibles. (Señala con una X):

	Bien	Reg.	Mal	No hay	Imprescindible	
Pista patinaje.					☐ No.	☐ Sí.
Gimnasio.					☐ No.	☐ Sí.
Sala musculación					☐ No.	☐ Sí.
Material Específico.					☐ No.	☐ Sí.
Entrenador Especialista.					☐ No.	☐ Sí.
Ambiente en Entrenamientos.					☐ No.	☐ Sí.
Compatibilidad Estudios/Trabajo.					☐ No.	☐ Sí.
Seguimiento Médico.					☐ No.	☐ Sí.
Medios audiovisuales					☐ No.	☐ Sí.
Entrenamientos con pulsómetros.					☐ No.	☐ Sí.
Coreografía y música					☐ No.	☐ Sí.

¿Cuánto tiempo utilizas al día para desplazarte desde tu casa al lugar de entrenamiento?. (Cuenta tanto lo utilizado a la ida como a la vuelta). **Tiempo:** _____

¿Cómo te desplazas hasta tu lugar de entrenamiento habitual?. (Indica el que realizas habitualmente):
☐ A pie, andando. ☐ En vehículo propio y/o familiar.
☐ En autobús. ☐ En vehículo ajeno. ☐ En taxi.
☐ En bicicleta. ☐ Otro. ¿Cuál?: _____

¿Practicas otro deporte además del Patinaje Artístico?:
☐ No. ☐ Sí. ¿Cuál/es?: _____
            ¿Cuál/es?: _____

Si has contestado afirmativamente, ¿a cuál de los dos dedicas más tiempo de entrenamiento?.
☐ Al Patinaje Artístico. ☐ Al otro deporte.

¿Tienes que pagar por hacer Patinaje Artístico?.
☐ No. ☐ Sí. **¿Cuánto?:**
           Cantidad (moneda) / Para que
      ☐ _____ (_____) / _____
      ☐ _____ (_____) / _____
      ☐ _____ (_____) / _____
      ☐ _____ (_____) / _____
      ☐ _____ (_____) / _____

¿Qué motivación tienes al practicar Patinaje Artístico?. (Señala las 4 principales por orden de preferencia. Indícalo con un número dentro del "( )").
( ) Me gusta. ( ) Mantener/mejorar la salud.
( ) Estar con los amigos. ( ) Estética/Mejor imagen.
( ) Diversión. ( ) Evasión/Liberación estrés.
( ) Estar en forma. ( ) Para competir
( ) Otro: _____ ( ) Otro: _____

Indica tu participación en los Campeonatos Nacionales, Continanetales y del Mundo, tanto con tu club como con la selección (autonómica y/o nacional). (Incluido la participación en el presente campeonato):

	Cto. Nación	Cto. Continente	Cto. Mundo
¿Has participado?:	☐ No. ☐ Sí.	☐ No. ☐ Sí.	☐ No. ☐ Sí.
Nº de veces con tu Club de Patinaje.			
Nº de veces con tu Selección.			

Indica si has conseguido alguna medalla en Campeonatos Nacionales, Continanetales y del Mundo, tanto con tu club como con la selección (nacional). (Sin incluir las conseguidas en este campeonato):

	Cto. Nación	Cto. Continente	Cto. Mundo
¿Has conseguido alguna medalla?:	☐ No. ☐ Sí.	☐ No. ☐ Sí.	☐ No. ☐ Sí.
¿Cuántas con tu club de Patinaje, y de qué tipo?: (*)	Nº: __ de O. Nº: __ de P. Nº: __ de B.	Nº: __ de O. Nº: __ de P. Nº: __ de B.	Nº: __ de O. Nº: __ de P. Nº: __ de B.
¿Cuántas con tu selección y de qué tipo?: (*)	Nº: __ de O. Nº: __ de P. Nº: __ de B.	Nº: __ de O. Nº: __ de P. Nº: __ de B.	Nº: __ de O. Nº: __ de P. Nº: __ de B.

(*) O: Medallas de Oro. P: Medallas de Plata y B: Medallas de Bronce.

¿Cuántas medallas esperas obtener en este campeonato de Patinaje Artístico?: ____

En relación a las expectativas que te hubieras planteado al inicio de tu carrera deportiva, ¿cuál de las siguientes alternativas se ajusta más a tu caso?:
☐ Se han cumplido en su totalidad.
☐ Se han cumplido a medias.
☐ Estoy en camino de conseguirlas.
☐ Me parece difícil conseguirlas.
☐ Es imposible que las consiga.

A lo largo de tu vida cotidiana, (no relacionada con tu vida como deportista de Patinaje Artístico), indica si has tenido alguna lesión de importancia (superior a quince días de recuperación), el número de veces, la edad que tenías y dónde ocurrió. (Señala más de una opción si es necesario).

Tipo Lesión	Nº	Edad	Lugar
			☐ En trabajo/Estudios. ☐ En mi Tiempo Libre. ☐ Otro:
			☐ En trabajo/Estudios. ☐ En mi Tiempo Libre. ☐ Otro:
			☐ En trabajo/Estudios. ☐ En mi Tiempo Libre. ☐ Otro:
			☐ En trabajo/Estudios. ☐ En mi Tiempo Libre. ☐ Otro:

Cómo deportista de Patinaje Artístico, hasta la actualidad, indica si has tenido alguna lesión de importancia (superior a quince días de recuperación), el número de veces, la edad que tenías y dónde ocurrió. (Señala más de una opción si es necesario):

Tipo Lesión	Nº	Edad	Lugar
			☐ Entrenamiento. ☐ Competición. ☐ Otro:
			☐ Entrenamiento. ☐ Competición. ☐ Otro:
			☐ Entrenamiento. ☐ Competición. ☐ Otro:
			☐ Entrenamiento. ☐ Competición. ☐ Otro:

Si has sufrido alguna lesión como deportista de Patinaje Artístico, ¿has utilizado el seguro o la licencia federativa de tu deporte?: ☐ No. ☐ Sí.

Si has utilizado la licencia federativa ante algún tipo de lesión, indica tu valoración de los servicios recibidos:
☐ Muy Bien. ☐ Bien. ☐ Normal.
☐ Mal. ☐ Muy Mal.

¿Eres hijo/a único/a?: ☐ No. ☐ Sí.

Si no eres hijo único, indica el número de hermanos, su género y su práctica deportiva:

Nº	Tipo	Practica (*)	Tipo deporte (¹)
—	☐ Chico/s. ☐ Chica/s.	☐ Hace Deporte. ☐ Deporte ocio. ☐ No Deportista.	
—	☐ Chico/s. ☐ Chica/s.	☐ Hace Deporte. ☐ Deporte ocio. ☐ No Deportista.	
—	☐ Chico/s. ☐ Chica/s.	☐ Hace Deporte. ☐ Deporte ocio. ☐ No Deportista.	

(*) Hace Deporte: Deportista federado de otra disciplina deportiva. Deporte Ocio: Practicante de actividad física habitual (gimnasio, jooging, bicicleta....). No Deportista: No realiza actividad deportiva de forma habitual. (¹) Si incluyes varios, indica el deporte de cada uno.

¿Tus padres han practicado algún deporte?. (Señala, con una X, más de una opción si es necesario):

	Padre	Madre
Patinaje Artístico		
Otra modalidad de patín		
Otro Deporte.		
No hizo deporte.		
No lo sé.		

La actitud de tu familia con relación a tu actividad deportiva se puede considerar como:
- Muy favorable.
- Bastante favorable.
- Indiferente.
- Bastante negativa.
- Muy Negativa.

Con respecto a tus amistades, ¿cómo las definirías?:
- La mayoría son deportistas de Patinaje Artístico.
- La mayoría son deportistas de otros deportes.
- Algunos son deportistas y otros no.
- La mayoría no son deportistas.

¿Cómo crees que te valoran tus amistades como deportista?:
- Muy bien.
- Bien.
- Normal.
- Mal.
- Muy Mal.

Indica el nivel de estudios que posees actualmente:
- Sin estudios.
- Enseñanza Primaria.
- Enseñanza Secundaria.
- Formación Profesional.
- Diplomatura.
- Licenciatura.

¿Cuál es tu ocupación cotidiana?. (Señala más de una opción si es necesario):
- Deportista profesional.
- Trabajador/a. ¿De qué?: _____
- Estudiante. ¿De qué?: _____

¿Tienes intención, si no lo estás haciendo ya, de realizar algún tipo de estudio universitario?:
- No.
- Sí. ¿Cuál?: _____

La carrera que estudias o piensas estudiar, se encuentra en:
- Tu ciudad de residencia.
- En otra ciudad.

¿Tu ocupación cotidiana la realizas en el lugar de tu residencia actual?: No. Sí.

¿Cómo dirías que afecta tu actividad deportiva a tu ocupación laboral? (sólo si no te dedicas profesionalmente):
- Positivamente. Me ayuda en la vida (trabajo, estudios..)
- Indiferente. No interfieren entre ellas.
- Negativamente. El deporte me quita tiempo.

¿Posees alguna titulación deportiva en patinaje artístico?:
- No.
- Sí.
  - ¿Cuál/es?. (Señala más de una opción si es necesario):
    - Monitor de Patinaje Artístico.
    - Entrenador Auxiliar de P. Artístico.
    - Entrenador Superior de P. Artístico.
    - Juez Autonómico de P. Artístico.
    - Juez Nacional de P. Artístico.
    - Juez Internacional de P. Artístico.
    - Otra. ¿Cuál?: _____

GRACIAS POR TU COLABORACIÓN

Te agradecemos el esfuerzo y el tiempo empleado en rellenar el cuestionario, para cualquier aclaración te indicamos un e-mail (aabraldes@pdi.ucam.edu), por si deseas ponerte en contacto conmigo, o bien indícanos el tuyo, si estás interesado en recibir información sobre este estudio.

Tu E-MAIL: _____ @ _____

Te pediría ahora, si no tienes ninguna objeción, y teniendo la seguridad de que tus datos personales no saldrán a la luz pública, que me indicases tu nombre y apellidos para poder relacionarlos con las medallas del presente campeonato.

NOMBRE Y APELLIDOS (Optativo): _____

FORMACIÓN DEPORTIVA EN PATINAJE ARTÍSTICO

QUESTIONNAIRE FOR ATHLETES

This questionnaire is part of a research project being done at the Catholic University of Murcia (UCAM) with the support of the Spanish Federation of Skating. The intent of the study is to find out the characteristics and circumstances that surround the athletes in their practices and competitions.

Since the questionnaire is anonymous, **we ask for complete sincerity**, as the data obtained are important for increased knowledge of our sport. To fill out the questionnaire, check a box for each question, keeping in mind that, **except when otherwise mentioned, you should only mark one answer**. When necessary, write clearly on the line given.

National team: _____ Gender: ☐ Female ☐ Male Birth date: Day/Month/Year __/__/____ Weight: ___ Height: ___

City of birth: _____ Country: _____ City of residence: _____ Country: _____

Age of initiation in skating (General): _____

Age of initiation in figure skating: _____

Why did you begin to practice figure skating? (Check more than one answer if necessary):
☐ Because of friends
☐ Because I was good at it
☐ Because of the coach
☐ Because I liked it
☐ Because of family
☐ To belong to a club
☐ Other. Why?: _____

In what type of school / club / institution did you begin to participate in figure skating and in what type are you currently? (Mark with an X):

	Beginning	Currently
School club / school team		
Federated sport club		
Escuela Deportiva Municipal		
Other. What type?		
Don't know / Don't remember		

How many different coaches have you had in your athletic career in figure skating? (with a duration of at least four months): _____

What was the degree or certification of your first coach, of your current coach, and of your national team coach? (Mark with an X, more than one option if necessary):

Coach:	First	Current	National
No coaching certificate			
Figure skating coach (level 1)			
Figure skating coach (level 2)			
Figure skating coach (level 3)			
Physical education degree			
Don't know/Don't remember			
Other. What?.			

When you began to practice at least three times per week, did you do any type of athletic skills test to determine your possibilities as an athlete?:
☐ No ☐ Yes

If you answered yes to the previous question, indicate the type of test done. (Mark more than one if necessary):
☐ Laboratory tests (ergometric cycle, treadmill, ...)
☐ Field tests (tests of speed, endurance, strength...)
☐ Other. What?: _____

If you answered affirmatively to the previous question, indicate who performed the test. (Mark more than one option if necessary):
☐ I did, on my own initiative
☐ Athletic club for another sport
☐ Figure skating club to which I belong
☐ During stances with your regional team
☐ During stances with your national team
☐ Other. Who?: _____

How many years have you been practicing figure skating?: _____
How many months / year do you train?: _____
How many days / month do you train?: _____
How many hours / day do you train?: _____
How many sessions / week do you train?: _____
In your opinion, is it enough training?: ☐ No ☐ Yes

With respect to place where training takes place, indicate when you train in the following environments (Mark with an X):

	Never	Ocasionally	Frequently	Always
Indoor rink				
Outdoor rink				
Gymnasium				
Weight room				
Other. Where?:				

How do you practice?:
☐ Alone ☐ With a group
With whom? (Mark more than one group if necessary):
☐ Figure skaters
☐ Other skaters
☐ Athletes from other sports
Their level of skating is (with respect to your level)?. (Indicate one, the most correct):
☐ Inferior
☐ Equal
☐ Superior

Indicate what specific events you practice during training sessions and which are your specialty (Mark with an X, more than one option if necessary):

EVENT	Practice	Specialty
Figures		
Free Skating		
Combined		
Pairs figure		
Pairs dance		
Precision		
InLine		

Do you do specific strength training?:
☐ No ☐ Yes **Since what year?:** _____

If you answered yes to the previous question, indicate what kind. (Mark more than one answer if necessary):
☐ With weights
☐ With elastic bands
☐ With loads
☐ Other. What?: _____

Indicate if, in addition to physical training, you take part in any other type of training or preparation. (Mark with an X all that apply).
☐ I/we have occasional meetings where we analyze the sport regulations.
☐ I/we watch videos with my coach of other athletes and/or competitions, with the intention of analyzing technique used and, if possible, improve mine/ours.
☐ I/we practice some type of psychological training before competitions, directed and/or supported by my coach or a specialist.
☐ My coach recommends or requires me/us to follow some type of diet (nutrition) before competitions.
☐ Other. What?: _____

Do you do any kind of test to evaluate progress in your training?:
☐ No ☐ Yes
If so, what?. (Mark more than one if necessary):
☐ Laboratory tests (ergometric cycle, treadmill,...)
☐ Field tests (test of speed, endurance,...)
☐ Other. What?: _____
How frequently?:
☐ Once a month or more often
☐ Once every two months
☐ Once every three months ☐ Once every six months
☐ Once per year. ☐ Other. What?: _____

Do you have regular medical check-ups?:
☐ No ☐ Yes
How many have you had this season?: ___
When?. (Mark more than one answer if necessary):
☐ At the beginning of the season
☐ During the season
☐ At the end of the season
☐ Sporadically
Why?. (Mark the main reason):
☐ My own initiative
☐ On the recommendation of my club
☐ Other: _____

Evaluate the following aspects related to your practices and indicate if they are essential, in your opinion. (Mark with an X):

	Good	Ok	Bad	Don't have	Essential	
Rink					No	Yes
Gymnasium					No	Yes
Weight room					No	Yes
Specific Material					No	Yes
Specialist Coach					No	Yes
Work environment					No	Yes
Balance between studies / work					No	Yes
Medical monitoring					No	Yes
Video facilities					No	Yes
Choreography and music					No	Yes

How long does it take you to get from your house to your place of practice and back?
Time: _____

How do you get to your normal place of practice?. (Indicate your normal way of getting there):
☐ Walking ☐ My (family) car/vehicle
☐ By bus ☐ Someone else's car ☐ By taxi
☐ By bicycle ☐ Other. How?: _____

Do you practice any other sport, besides figure skating?:
☐ No. ☐ Yes. Which?: _____
           Which?: _____

If you answered yes to the previous question, to which sport do you dedicate more training time?.
☐ Figure skating. ☐ The other sport.

Do you have to pay to do figure skating?
☐ No. ☐ Yes. How much and for what?:
  amount (currency) / For what
  ☐ _____ (_____) / _____
  ☐ _____ (_____) / _____
  ☐ _____ (_____) / _____
  ☐ _____ (_____) / _____

What motivates you to practice figure skating?. (Mark the four main reasons by order of preference. Indicate from 1-4 with a number inside the "( )").
( ) I like it   ( ) Maintain/improve health
( ) To be with friends ( ) Esthetics/image
( ) To have fun   ( ) To relieve stress
( ) To be in shape   ( ) To compete
( ) Other: _____   ( ) Other: _____

Indicate your participation in National, Continental, and World Championships, both with your club and with your national team (....). (Include your participation in the current championship).

	National champ.	Continental champ.	World champ.
Have you participated?:	No. Yes.	No. Yes.	No. Yes.
Number of times with your figure skating club			
Number of times with your national team			

Indicate if you have won a medal in the National, Continental, and World Championships, both with your club or your national team. (Do not include any you may have won in this championship):

	National champ.	Continental champ.	World champ.
Have you won a medal?:	No. Yes.	No. Yes.	No. Yes.
How many with your skating club, and what kind?: (*)	#:__ G. #:__ S. #:__ B.	#:__ G. #:__ S. #:__ B.	#:__ G. #:__ S. #:__ B.
How many with your national team and what kind?: (*)	#:__ G. #:__ S. #:__ B.	#:__ G. #:__ S. #:__ B.	#:__ G. #:__ S. #:__ B.

(*) G: Gold medal. S: Silver medal & B: Bronze medal.

How many medals do you expect to win in this figure skating championship?: _____

With respect to the expectations that you had when beginning your athletic career, which of the following alternatives best describes where you are now?:
- All have been fulfilled.
- They have been partially fulfilled.
- I'm on track to fulfill them.
- It will be difficult to fulfill them.
- It is impossible to fulfill them.

During your daily life, (not related to your life as a figure skating athlete), indicate if you have had any significant injury (greater than 15 days to recuperate), the number of times, your age at time of injury, and where it happened. (Mark more than one if necessary).

Type of injury	#	Age	Place
			Work/School During my free time Other:
			Work/School. During my free time. Other:
			Work/School. During my free time. Other:
			Work/School. During my free time. Other:

As a figure skating athlete, indicate if you have ever had a significant injury (it took more than 15 days to recuperate), the number of times, your age at time of injury, and where it happened. (Mark more than one if necessary).

Type of injury	#	Age	Place
			Practice Competition Other:
			Practice Competition Other:
			Practice Competition Other:
			Practice Competition Other:

If you have suffered an injury as a figure skating athlete, have you used the sport insurance?:
No   Yes

If you have used this insurance, indicate your evaluation of the services provided:
Very good   Good   Okay
Poor   Very poor

Are you an only child?:   No   Yes

If you are not an only child, indicate the number of siblings (sisters and brothers) you have, their gender, and their athletic participation:

#	Type	Involvement (*)	Type of sport([1])
—	Male Female	Athlete Sport for fun No exercise	
—	Male Female.	Athlete Sport for fun No exercise	
—	Male. Female.	Athlete Sport for fun No exercise	

(*) **Athlete**: Practices and competes in some sport. **Sport for fun**: Practices some sport regularly for fun or/and works out regularly. **No exercise**: Participates in no sport or exercise on a regular basis.
([1]) If you include several sisters and brothers, put the sport of each one.

Have your parents practiced any competitive sport?. (Mark with an X, more than one option if necessary):

	Father	Mother
Figure skating		
Other skating sport		
Other sport		
Has not practiced sport		
I don't know		

The attitude of your family with respect to your athletic involvement could be considered:
- Very favorable
- Rather favorable
- Indifferent
- Rather negative
- Very Negative

With respect to your friends, how would you define them?:
- The majority are figure skating athletes
- The majority are athletes from other sports
- Some are athletes, some are not
- The majority are not athletes

How do you think your friends evaluate your life as an athlete?:
- Very well
- Well
- Okay
- Poorly
- Very poorly

Indicate the level of studies you currently possess:
- No studies
- Primary/elementary school
- Secondary school
- Bachelor degree or similar
- Master degree
- Doctoral degree

What is your daily occupation? (Mark more than one option if necessary):
- Professional athlete
- Worker. In what?: _____
- Student. In what?: _____

Do you intend to pursue university studies, if you are not already doing so?
- No
- Yes In what?: _____
- I am currently studying / I have completed my studies

The degree that you study or plan to study is situated in:
- Your city of residence
- In another city

Do you work/study in your current city of residence?
- No
- Yes

If your occupation is not related to figure skating, how would you say that your athletic involvement affects your occupation? (leave blank if you occupation is as an athlete)
- Positively. It helps me in life (work, studies, etc.)
- Indifferent. It does not interfere.
- Negatively. Sport involvement takes a lot of time.

Do you have any certification in figure skating?
- No.
- Yes.
  Which? (Mark more than one option if necessary):
  - Figure skating coach (level 1)
  - Figure skating coach (level 2)
  - Figure skating coach (level 3)
  - Regional judge of figure skating
  - National judge of figure skating
  - International judge of figure skating
  - Other. Which?: _____

THANK YOU FOR YOUR COLLABORATION

We thank you for the time you took to fill out this questionnaire. For any clarifications, feel free to contact with us at the following email address (aabraldes@pdi.ucam.edu). You may also include your email, in case you are interested in receiving information about this study.

Your email: _____ @ _____

If you are not opposed, and being assured that your personal data will not be made public, I would ask you to consider giving me your name in order to relate the data from this questionnaire with the medals from the current championship.

FIRST AND LAST NAMES (Optional): _____

QUESTIONARIO PER GLI SPORTIVI

Questo questionario fa èparte di un lavoro di ricerca che si sta realizzando presso l'università cattolica San Antonio di Murcia (UCAM) e che conta sull'appoggio della Federazione Spagnola di Pattinaggio (FEP). Con questo studio si vuole arrivare a conoscere le caratteristiche e le circostanze che circondano li sportivi durante i loro allenamenti e durante la gara.

Essendo il questionario anonimo, ti preghiamo di rispondere con molta sincerità, dato che le informazioni ottenute sono importanti per la conoscenza del nostro sport. Per compilare il questionario contrassegna con una croce i riquadri al lato di ogni risposta tenendo conto che, a meno che non sia specificamente indicato, ad ogni domanda potrai dare solamente una risposta. Quando necessario scrivi sopra le linee in maniera molto chiara.

Paese: _____ Sesso: ☐ Femminile ☐ Maschile Data di nascita: _/_/_ Peso: ___ Altezza: __

Luogo di nascita: _____ Provincia: _____ Luogo di residenza: _____ Provincia: _____

Età alla quale hai iniziato a praticare il pattinaggio (Generale): _____

Età alla quale hai iniziato a praticare il pattinaggio artistico: _____

Per quale/i ragione/i hai deciso di praticare il pattinaggio artistico? (Se necessario puoi scegliere più di una risposta):
- ☐ Perché lo facevano gli amici.
- ☐ Per i risultati ottenuti.
- ☐ Per l'allenatore.
- ☐ Perché mi piaceva.
- ☐ Per la famiglia.
- ☐ Perché era presente in un club vicino a casa tua.
- ☐ Altre? Quali? _____

In quale tipo di scuola, club o altra istituzione hai iniziato a praticare pattinaggio artistico e in quale sei iscritto attualmente? (segnalala una X):

	Inicios	Actualidad
Scuola		
Società sportiva federata		
Società sportiva comunale		
Altre. Quali?		
No so / Non ricordo.		

¿Quanti allenatori diveri hai avuto nella tua carriera sportiva di pattinaggio artistico fino ad oggi? (Con una durata superiore a quattro mesi?): _____

Qual'era il curriculum del tuo primo allenatore? Quale quello dell'allenatore attuale, e quale quello del tuo commissario tecnico? (Metti più di una X se necessario):

Allenatore:	Primo	Attuale	Com. tecnico
Nessun titolo sportivo.			
Maestro di Pattinaje.			
Allenatore ausiliare di pattinaggio.			
Allenatore principale di pattinaggio.			
Laureato in educazione fisica.			
Licenciado E. Física.			
non so/ Non ricordo.			
altro. ¿Quale?			

Quando hai iniziato ad allenarti almeno tre volte a settimana hai fatto o ti hanno fatto fare qualche test o prova attitudinale sportiva per vedere che possibilità avevi come atleta?
☐ No. ☐ Si.

Se hai risposto affermativamente alla domanda anteriore, indica che tipo di prova hai realizzato: (Dai più di una risposta se necessario:)
- ☐ Prove di laboratorio (bicicletta, Tapiz roulant)
- ☐ Prove in pista (test velocità, resistenza, forza...)
- ☐ Altre? Quali? _____

Se hai risposto affermativamente alla domanda precedente indica chi le ha realizzate? (Dai più di una risposta se necessario):
- ☐ Io, per mia iniziativa
- ☐ Società sportiva di un altro sport.
- ☐ La società sportiva alla quale appartengo.
- ☐ Durante raduni regionali
- ☐ Durante redani della Nazionale.
- ☐ Altre?, Quali? _____

Da quanto tempo ti alleni con il P.artistico? _____
Quanti mesi all'anno ti alleni?: _____
Quanti giorni alla settimana ti alleni? _____
Quante ore al giorno?: _____
Quante sessioni realizzi ogni settimana?: _____
E' sufficiente l'allenamento che svolgi secondo te?:
☐ No. ☐ Si.

Con rispetto al luogo di allenamento, indica quando ti alleni nei seguenti ambiti. (Contrassegna una sola risposta)

	Mai	Occasional-mente	abitual-mente	Sempre
Pista Coperta				
Pista all'aperto				
Palestra				
Altro posto. Quale?				

Come ti alleni?:
☐ Solo. ☐ In gruppo
　Con chi ?. (Dai più di una risposta se necessario):
　　☐ Atleti di pattinaggio artistico
　　☐ Atleti che fanno pattinaggio ma non artistico
　　☐ Atleti di altri sport .
　Il livello degli atleti con cui ti alleni lo giudichi rispetto al tuo: (Indica una sola risposta)
　　☐ Inferiore
　　☐ Iguale
　　☐ Superiore

Indica quail specialità pratichi durante i tuoi allenamenti e qual'è quella che meglio ti riesce:
(Dai più di una risposta se necessario:):

MODALITA'	Allenamento	Spe.preferita
Obbligatori		
Libero		
Combinata		
Coppia Artistico		
Coppia Danza		
Precisión		
In-line		

Lavora sulla forza con esercizi specifici?
☐ No. ☐ Si. **A partire da che anno?** _____

Se ha risposto affermativamente alla domanda precedente, indichi di che esercizi si tratta. (Se necessario puó indicare più di una opzione):
　☐ Con pesi.
　☐ Con elastici
　☐ Trascinementi, carichi,…
　☐ Atri. Quali? _____

Indica se, oltre all'allenamento fisico, realizzi altri tipi di allenamento / preparazione: (Metti una X su quelle che realizzi)
　☐ Realizzo/realizziamo regolarmente una analisi del regolamento sportivo.
　☐ Visioniamo video con l'allenatore de altri atleti y/o gare cercando di analizzare quali sono le tecniche utilizzate per migliorare la nostra.
　☐ Pratico qualche tipo di allenamento psicologico prima delle gare diretto o appoggiato dall'allenatore o da uno specialista
　☐ Mi consigliano od obbligano (allenatore) a seguire una dieta prima delle gare.
　☐ Altri. Quali? _____

Realizzi attualmente qualche tipo di prova per valorizzare i progressi del tuo allenamento?
☐ No. ☐ Sí.
　Quale? (Dai più di una risposta se necessario):
　　☐ Prove di laboratorio(bicicletta,Tapiz roulant,…)
　　☐ Prove in Pista Test velocità,resistenza,..)
　　☐ Altre. Quali? _____
　Con che frequenza?
　　☐ Una volta al mese o meno　☐ Una volte a bimestre
　　☐ Una volta a trimestre　☐ Una volta a semestre
　　☐ Una volta all'anno　☐ Altra, Quale'??

Realizzi qualche tipo di incontro medico regolarmente?
☐ No. ☐ Sí.

Quanti ne hai realizzati durante la preparazione? _____
Quando? (Dai più di una risposta se necessario):
　☐ All'inizio della preparazione
　☐ Durante la preparazione
　☐ Alla fine della preparazione
　☐ Sporadicamente
Perché?(segna solo il motivo principale):
　☐ Per volontà propria
　☐ Mi è stato consigliato dalla società alla quale appartengo
　☐ Altro: _____

Dai un valore ai seguenti aspetti in relazione con i tuoi allenamenti, ed indica si secondo te sono indispensabili:

	Buono	normale	Inutile	Non lo abbiamo	Indispensabile
Pista.					☐ No ☐ Sí.
Gimnasio.					☐ No ☐ Sí.
Material Específico.					☐ No ☐ Sí.
Entrenador Especialista.					☐ No ☐ Sí.
Ambiente en Entrenamientos.					☐ No ☐ Sí.
Compatibilidad Estudios/Trabajo.					☐ No ☐ Sí.
Seguimiento Médico.					☐ No ☐ Sí.
Entrenamientos con pulsómetros.					☐ No ☐ Sí.
Coreografía y música.					☐ No ☐ Sí.

Quanto tempo ci metti per arrivare da casa alla pista dove ti alleni?(tempo che ci metti ad andare e tornare)
Tempo: _____

Come con che mezzo ti sposti per arrivare in pista di allenamento?:
☐ A piedi,caminando　☐ Con un veicolo proprio(familiare)
☐ In autobús　☐ Con un veicolo Altrui　☐ In taxi
☐ In bicicletta　☐ Altro. Quale???

Pratichi un altro sport oltre al pattinaggio?:
☐ No ☐ Si Quale/quali?: 1 _____
　　　　　　　　　　　　2 _____

Se hai risposto affermativamente a quale sport dedichi più tempo?
☐ Al pattinaggio artistico　☐ All'altro sport

Devi pagare per fare pattinaggio artistico?:
☐ No ☐ Si　Quanto?
　　　　　　　_____ Euro

　　Ogni quanto tempo?
　　☐ Ogni mese　☐ Ogni anno
　　☐ Ogni trimestre　☐ All'inizio della stagione
　　☐ Ogni semestre　☐ Altro: _____

Che motivo hai per pattinare? (segna le 4 ragioni principali in ordine di importanza mettendo un numero dentro il "( )".
( ) Perché mi piace
( ) Per mantenere o migliorare la mia salute
( ) Per stare con gli amici
( ) Per una ragione di estetica/migliorare l'immagine
( ) Per divertirme
( ) Perché é un modo per evadere/ liberarmi dello stress
( ) Per restare in forma
( ) Altro:_____

Indica la tua partecipazione nei campionati nazionali, continentali e mondiali ai quali hai partecipato con la tua società o con la nazionale. (Inclusa la partecipazione al presente campionato)

	Cto. Nazionale	Cto. Continentale	Cto. Mondiale
Hai partecipato?	No. Si.	No. Si.	No. Si.
Numero di volte con il club (ossia ai nazionali)			
N. di volte con la nazionale (ossia europei e mondiali)			

Indica se hai vinto qualche medaglia nei campionati nazionali, continentali o mondiali con la società o con la nazionale. (senza includere quelle vinte in questo campionato)

	Cto. Nazionale	Cto. Continentale	Cto. Mondiale
Hai vinto qualche medaglia?	No. Sí	No. Sí	No. Sí
Quante con il tuo club e di che tipo?	N°:__ di O. N°:__ di A. N°:__ di B.	N°:__ di O. N°:__ di A. N°:__ di B.	N°:__ di O. N°:__ di A. N°:__ di B.
Quante con la nazionale e di che tipo?	N°:__ di O. N°:__ di A. N°:__ di B.	N°:__ di O. N°:__ di A. N°:__ di B.	N°:__ di O. N°:__ di A. N°:__ di B.

(O.=oro, A.=argento B.=bronzo)

Quante medaglie speri di ottenere durante questo campionato di pattinaggio artistico? _____

In relazione agli obbiettivi che ti eri prefissato ad inizio carriera quale di queste opzioni ti sembra di aver raggiunto?
☐ Le ho raggiunte nella loro totalità
☐ Le ho raggiunte a metà/non totalmente
☐ Sto lavorando per raggiungerle
☐ Mi sembra molto difficile raggiungerle
☐ Mi è impossibile raggiungerle

Durante la tua vita quotidiana, (non relazionata con la vita di atleta) hai avuto a che fare con qualche infortunio importante (il quale ti é costato più di 15 giorni di recupero)? Quante volte ti è successo? A che età ti è successo e dove?? (Dai più di una risposta se necessario):

Tipo di infortunio	N°	Età	Luogo
			☐ A Lavoro ☐ Durante il tempo libero ☐ altro
			☐ A Lavoro ☐ Durante il tempo libero ☐ altro
			☐ A Lavoro ☐ Durante il tempo libero ☐ altro
			☐ A Lavoro ☐ Durante il tempo libero ☐ altro

Come pattinatore, fino ad oggi, hai avuto a che fare con qualche lesione importante (che ti costata più di 15 giorni per rimetterti)? Quante volte? A che età ti è successo? Dov'è successo?. (Dai più di una risposta se necessario):

Tipo di infortunio	N°	Età	Luogo
			☐ Allenamento. ☐ Gara ☐ Altro
			☐ Allenamento. ☐ Gara ☐ Altro
			☐ Allenamento. ☐ Gara ☐ Altro
			☐ Allenamento. ☐ Gara ☐ Altro

Se hai subito un infortunio come pattinatore Hai utilizzato un'assicurazione essendo tesserato con il club e con la federazione di pattinaggio? ☐ No. ☐ Sí.

Se hai utilizzato l'assicurazione per qualche infotrtunio, dai un valore al servizio ricevuto:
☐ Molto buono ☐ Buono ☐ Normale
☐ scarso ☐ Inadeguato

Sei figlio/a unico/a? ☐ No ☐ Si

Se non sei figlio unico indica il numero di fratelli, il loro sesso e lo sport che praticano:

N°	Tipo	È uno sportivo?	Tipo di sport
___	☐ Maschio ☐ Femmina	Fa sport seriamente Fa sport come hobby(palestra,jogging,etc) Non fa sport	
___	☐ Maschio ☐ Femmina	Fa sport seriamente Fa sport come hobby(palestra,jogging,etc) Non fa sport	
___	☐ Maschio ☐ Femmina	Fa sport seriamente Fa sport come hobby(palestra,jogging,etc) Non fa sport	

I tuoi genitori hanno praticato qualche sport? (Dai più di una risposta se necessario):

	Padre	Madre
Pattinaggio Artistico		
Altro tipo di pattinaggio		
Altro sport		
Non ha fatto sport		
Non lo sò		

La tua famiglia in relazione alla tua attività di pattinatore si può considerare:
☐ Molto favorevole ☐ Abbastanza favorevole
☐ Indifferente ☐ Abbastanza Negativa
☐ Molto negativa

Come definiresti le tue amicizie?
☐ La maggioranza sono atleti di pattinaggio artistico
☐ La maggioranza sono atleti di altri sport.
☐ Alcuni sono atleti ed altri no
☐ La maggioranza non sono sportivi

Come credi che giudichino i tuoi amici come atleta ?:
☐ Molto bravo   ☐ Bravo   ☐ Normale
☐ Scarso   ☐ Molto scarso

Indica il titolo di studio che possiedi attualmente:
☐ Nessuno   ☐ Diploma di scuola media inferiore
☐ Diploma di scuola media superiore   ☐ Laurea breve
☐ Laurea Specialistica

Qual'é la tua professione quotidiana? (Dai più di una risposta se necessario
☐ Disoccupato/a
☐ Lavoratore/trice. Che lavoro fai?_____
☐ Studente Cosa studi?_____

Hai intenzione di realizzare qualche tipo di studio universitario(se non lo stai gia facendo)?:
☐ No.   ☐ Sí. Quale?:_____

La facoltà dove studi o pensi si studiare, è situata :
☐ Nella tua città di residenza. tra ciudad.
☐ In una'altra città

Il tuo lavoro lo svolgi nella città dove risiedi al momento?
☐ No.   ☐ Sí.

Che influenza pensi che abbia la tu attività sportiva sul tuo lavoro
☐ Positiva. mi aiuta nella vita (nel lavoro, nello studio….
☐ Indifferente. Non interferiscono l'una con l'altra.
☐ Negativamente. Lo sport mi toglie tempo.

Hai qualche brevetto sportivo di pattinaggio(esempio allenatore,giudice ecc…)?
☐ No.   ☐ Sí.
   Quale??? (Dai più di una risposta se necessario):
   ☐ Allenatore di primo livello
   ☐ Allenatore di secondo livello
   ☐ Allenatore di terzo livello
   ☐ Giudice regionale
   ☐ Giudice nazionale
   ☐ Giudice internazionale
   ☐ Altro. Quale?_____

GRAZIE PER LA TUA COLLABORAZIONE

Devo ringraziarti per lo sforzo ed il tempo speso per riempire il questionario,per qualsiasi chiarimento ti indico il mio e-mail(aabraldes@pdi.ucam.edu), se desiderassi metterti in contatto con me,o indicami il tuo, se sei interessaro a ricevere informazioni su questo studio:

Il tuo indirizzo e.mail:_____@_____

Ti chiedo ora,se non hai obbiezioni e avendo la sicurezza che i tuoi dati personali non saranno pubblicati, che mi indicassi il tuo nome e cognome per poter relazionare i tuoi dati con quelli degli atleti che si aggiudicheranno il podio a questo campionato.

NOME E COGNOME (Optional):_____

ÍNDICE DE TABLAS

Tablas	Pág.
Tabla 1. Revisión de estudios / autores sobre la edad de inicio más adecuada para la práctica deportiva.	36
Tabla 2. Características que deben tener los entrenadores en etapas de formación (modificado de Jiménez, Rodríguez, y Castillo, 2002).	40
Tabla 3. Ámbitos de formación y componentes a tener en cuenta (Jiménez, Rodríguez y Castillo, 2002).	41
Tabla 4. Motivos de participación deportiva de los jóvenes	53
Tabla 5. Diferencias en las motivaciones de inicio, mantenimiento y abandono	54
Tabla 6. Relación entre padres de deportistas y entrenadores (Gimeno, 2000).	58
Tabla 7. Características de la muestra. Datos expresados en medias	65
Tabla 8. Tipo de preguntas del cuestionario en función de los diferentes bloques.	72
Tabla 9. Edad de inicio en el patinaje y en el patinaje artístico.	81
Tabla 10. Lugar (institución) en el que se inician en la práctica del patinaje artístico.	82
Tabla 11. Titulación del entrenador en los inicios de la práctica deportiva.	82
Tabla 12. Seguimiento médico de los deportistas.	84
Tabla 13. Cuando se realiza el seguimiento médico de deportista.	84
Tabla 14. Qué motivo lleva a realizar el seguimiento médico.	85
Tabla 15. Valoración del seguimiento médico en el entrenamiento (n = 111). Imprescindible (n = 103).	86
Tabla 16. Realización de pruebas o test para valorar las posibilidades de deportista.	86
Tabla 17. Tipo de pruebas que se realizan en los inicios deportivos.	87
Tabla 18. Quien realiza las pruebas de valoración en los inicios deportivos.	88
Tabla 19. Entrenamiento de los deportistas en pruebas específicas.	89
Tabla 20. Especialidad de los deportistas en pruebas específicas.	90
Tabla 21. Deportistas que pagan por entrenar patinaje artístico.	93
Tabla 22. Tipo de desplazamiento para ir al entrenamiento.	94
Tabla 23. Práctica de otros deportes además del patinaje artístico.	94
Tabla 24. Dedicación temporal mayoritaria en entrenamiento.	95

Tabla 25. Control del entrenamiento (n = 133) y tipo de pruebas para valorar la progresión del entrenamiento (n = 22) ... 96
Tabla 26. Frecuencia con la que se realizan pruebas para valorar la progresión del entrenamiento (n = 21) 97
Tabla 27. Volumen de entrenamiento. 98
Tabla 28. Trabajo de fuerza específica y forma de trabajo (n = 139) (n = 48) 99
Tabla 29. Tipo de entrenamiento realizado por los deportistas. 100
Tabla 30. Lugar de entrenamiento habitual del deportista. 101
Tabla 31. Institución a la que pertenece el deportista... 102
Tabla 32. Valoración de la pista como instalación de entrenamiento (n = 115). Imprescindible (n = 118) 103
Tabla 33. Valoración del gimnasio como instalación de entrenamiento (n = 117). Imprescindible (n = 113) 104
Tabla 34. Valoración de la sala de musculación como instalación de entrenamiento (n = 66). Imprescindible (n = 58) 105
Tabla 35. Valoración del material específico para entrenar (n = 104). Imprescindible (n = 98) 106
Tabla 36. Valoración de los medios audiovisuales en el entrenamiento (n = 59). Imprescindible (n = 52) 107
Tabla 37. Valoración de la utilización de pulsímetros para entrenar (n = 78). Imprescindible (n = 69) 107
Tabla 38. Valoración del ambiente en el entrenamiento (n = 96). Imprescindible (n = 94) 109
Tabla 39. Valoración de la compatibilidad entre estudios y/o trabajo y el entrenamiento (n = 111). Imprescindible (n = 103) 109
Tabla 40. Valoración de la coreografía y música en el entrenamiento (n = 111). Imprescindible (n = 114) 110
Tabla 41. Motivos que llevan a la práctica del patinaje artístico en sus inicios. 115
Tabla 42. Motivación actual que tienes para practicar patinaje artístico. 116
Tabla 43. Expectativas en la práctica del patinaje artístico. 117
Tabla 44. Participación en campeonatos. 119
Tabla 45. Medallas en campeonatos (n = 135) 119
Tabla 46. Practica deportiva del padre. 123
Tabla 47. Practica deportiva de la madre. 124
Tabla 48. Actitud de la familia con relación a la práctica deportiva del deportista. 124
Tabla 49. Titulación del entrenador en la actualidad...... 126

Tabla 50. Valoración del entrenador especialista (n = 103). Impres- 127

cindible (n = 103).	
Tabla 51. Titulación del seleccionador en la actualidad	127
Tabla 52. Con quien entrenas patinaje artístico.	128
Tabla 53. Deporte que practican tus compañeros de entrenamiento.	129
Tabla 54. Nivel que tienen tus compañeros de entrenamiento con respecto al tuyo.	129
Tabla 55. Amistades de los deportistas.	130
Tabla 56. Valoración de tus amistades con respecto al deportista de patinaje artístico.	131
Tabla 57. Nivel de estudios que poseen en la actualidad los deportistas.	133
Tabla 58. Intención de estudiar una carrera universitaria en un futuro.	133
Tabla 59. Lugar donde cursa o cursará los estudios universitarios futuros.	134
Tabla 60. Ocupación actual de los deportistas de patinaje artístico (n = 129)	135
Tabla 61. Desempeño de la ocupación laboral (n = 127)	135
Tabla 62. Efecto de la practica del patinaje artístico sobre la ocupación laboral (n = 114)	136
Tabla 63. Posesión de una titulación deportiva específica	137
Tabla 64. Tipo de titulación deportiva específica que poseen los deportistas (n = 123)	137

ÍNDICE DE ILUSTRACIONES

Ilustraciones	Pág.
Ilustración 1. Árbol exponencial que representa las ocho categorías con sus criterios de clasificación (Parlebas, 2001)	29
Ilustración 2. Árbol exponencial que representa las modalidades de patinaje que se realizan con pareja (izq) y aquellas en las que se participa individualmente (dcha) (Parlebas, 2001).	30
Ilustración 3. Factores que influyen en el proceso de formación deportiva (Platonov, 1988, 1993)	34
Ilustración 4. El entrenador deportivo como elemento fundamental de la formación del deportista	42
Ilustración 5. Especialización de patinadores en una modalidad específica de patinaje artístico	44
Ilustración 6. Una adecuada especialización debe fundamentarse en un buen volumen de trabajo	48
Ilustración 7. Alguna de las disciplinas del patinaje artístico necesita de la participación de numerosos patinadores.	51
Ilustración 8. Errores en la competición deportiva pueden producir una desmotivación del deportista.	52
Ilustración 9. Los familiares y el entorno del deportista pueden condicionan las expectativas del deportista.	55
Ilustración 10. La modalidad de show es una modalidad grupal, donde los compañeros participan simultáneamente en la competición.	60
Ilustración 11. Deportistas de patinaje artístico cubriendo el cuestionario de la investigación en su descanso durante la competición.	70
Ilustración 12. Todos los deportistas deberían realizar un seguimiento y una valoración de su entrenamiento, para controlar el nivel de mejora y no sólo a nivel físico-deportivo.	85
Ilustración 13. Las pruebas de control en pista ofrecen un menor coste económico y una mayor facilidad por parte de los deportistas y entrenadores.	88
Ilustración 14. Dentro del patinaje, los deportistas se especializan en una determinada modalidad.	90
Ilustración 15. La propia competición sirve de test para valorar el rendimiento de los deportistas.	95

Ilustración 16. Las diferentes modalidades propician diferentes tipos de entrenamiento... 99

Ilustración 17. La pista de patinaje es una instalación imprescindible para practicar con éxito este deporte. ... 103

Ilustración 18. Relación de la valoración de las instalaciones (total) y la importancia (por género) que los deportistas manifiestan con respecto a ellas............................... 105

Ilustración 19. Relación de la valoración del material (total) y la importancia (por género) que los deportistas manifiestan con respecto a ellos. 108

Ilustración 20. Relación de la valoración de la coreografía, el ambiente y los estudios (total) y la importancia (por género) que los deportistas manifiestan con respecto a ellos. 111

Ilustración 21. La concentración previa a la competición puede ser determinante en el resultado............................ 116

Ilustración 22. La motivación es un aspecto intrínseco del deportista fundamental para competir........................ 117

Ilustración 23. Las expectativas de práctica están determinadas en su mayoría por la consecución de los éxitos deportivos. 118

Ilustración 24. El entrenador ofrece una impronta en el deportista y en sus actuaciones.. 125

Ilustración 25. Patinadores en la posición inicial para comenzar su coreografía. 128

Ilustración 26. Los compañeros de entrenamiento condicionan la adhesión al deporte y los resultados deportivos. 128

Ilustración 27. Existe un porcentaje relevante de deportistas que presentan amistad con otros deportistas que también practican el mismo deporte............................... 130

Ilustración 28. El deportista de patinaje artístico es valorado muy positivamente por sus amistades. 132

Ilustración 29. La mayor parte de los deportistas tienen pensado seguir cursando estudios universitarios........ 134

Ilustración 30. Los deportistas valoran mayoritariamente como positiva la práctica del patinaje artístico sobre su ocupación laboral... 136

LOS AUTORES

José Arturo Abraldes Valeiras
Doctor en Educación Física (Universidad de A Coruña).
Profesor en la Universidad de Murcia.
Entrenador Nacional de Hockey sobre Patines.
Formador en cursos de Patinaje Artístico sobre Ruedas, Hockey sobre patines y patinaje de velocidad.

Nuria Rodríguez Suárez
Licenciada en Ciencias de la Actividad Física y el Deporte (Universidad de A Coruña).
Profesora en la Universidad Católica de Murcia (UCAM).
Entrenadora Nacional de Hockey sobre Patines.
Formadora en cursos de Patinaje Artístico sobre Ruedas, Hockey sobre patines y patinaje de velocidad.

Helena Vila Suárez
Doctora en Educación Física (Universidad de A Coruña).
Postgrado de Preparación Física (Universidad de A Coruña).
Máster de Alto Rendimiento (COE, Madrid)
Profesora en la Universidad de Vigo.
Autora de varias publicaciones en el ámbito de la valoración antropométrica y condicional en alto rendimiento.

Carmen Ferragut Fiol
Doctora en Educación Física (Universidad de Las Palmas).
Máster de Alto Rendimiento (COE, Madrid)
Profesora en la Universidad de Alcalá.
Autora de varias publicaciones en el ámbito de la valoración antropométrica y control del rendimiento.

www.ingramcontent.com/pod-product-compliance
Lightning Source LLC
Chambersburg PA
CBHW081131170426
43197CB00017B/2820